Manfred Schleyer

Was Christen glauben müss(t)en

Heilige Irrtümer und Lügen
über Jesu Geburt und Kreuzigung,
Auferstehung und Himmelfahrt

Irren ist menschlich.
Irrtümer sind schwer zu vermeiden,
besonders wenn ein Buch wie dieses von einem ganz allein geschrieben werden muss:
in der knappen Zeit neben Arbeit und Familie und Haushalt,
ohne jede Unterstützung durch den Heiligen Geist oder seine vielen (Ver-)Diener. –
Hinweise auf Irrtümer sind daher sehr erwünscht!
Entweder per E-Mail:
manfred-schleyer@t-online.de

oder auch schriftlich:
Postfach 60 07 27, 81207 München

Vielen Dank schon im voraus!

Am Faschingssonntag des Jahres 2007
58 Jahre nach der *Allgemeinen Erklärung der Menschenrechte*
215 Jahre nach der *Erklärung der Rechte des Menschen und Bürgers*

*

Veröffentlicht bei BoD
Books on Demand GmbH
Gutenbergring 53
22848 Norderstedt
Telefon (0 40) 53 43 35 0
Fax (0 40) 53 43 35 84
info@bod.de
www.bod.de

Herstellung und Verlag
Books on Demand GmbH
Norderstedt

Printed in Germany

ISBN 978-3-8334-7958-8

Die Deutsche Bibliothek
verzeichnet diese Publikation in der *Deutschen Nationalbibliografie;*
detaillierte bibliografische Daten sind im Internet abrufbar über <http://dnb.ddb.de>.

Dieses Buch wurde geschrieben für

Religiöse und Glaubende
In den großen und vielen kleinen
sich christlich nennenden Religionen und Konfessionen.

Ideal-Christen
Die Jesus als einen lieben Gottessohn
und seine Lehren als die Grundlage unserer Kultur ansehen.

Monopol-Christen
Die allen Ernstes glauben und behaupten,
dass nur die Lehren Christi die Welt verbessern könnten.

Hirtenhunde und Hilfsfischer
Die Schafe und Fische nicht entkommen lassen wollen
aus den Pferchen der Hirten und den Netzen der Menschenfischer.

Anhänger
Die in ihren Ämtern und Positionen
kostenlos Werbung für Kirche und Religion machen.

Sympathisanten
Die den deutschen Großkirchen
veraltete Sonderrechte erhalten und Gelder zuschanzen.

Und ganz besonders für die vielen, vielen Kirchensteuer-Christen
Diese Taufschein-Christen, Tauf-Scheinchristen, Taufschein-Scheinchristen
Die trotz des Menschenrechts auf Religionsfreiheit getauft
und damit in eine Kirche eingetreten wurden.

Obwohl sie im Innersten von der Religion und ihrer Bedeutung überzeugt sind,
machen sie sich niemals die Mühe, diese Religion zu ergründen;
anstatt sie zu untersuchen, verlassen sie sich auf andere.
Aber gerade diejenigen, deren Urteil sie blindlings vertrauen,
sind die Personen, deren Urteil ihnen am verdächtigsten sein müsste:
nämlich die Priester, die das Recht besitzen, über ein System zu urteilen,
das offensichtlich nur zum Nutzen der Priester erfunden worden ist.

3

Worte an Interessierte

Das apostolische Glaubensbekenntnis – Das Glaubensbekenntnis der Apostel
Daran müssen Christen glauben. Sagen ihre Hirten.
Doch was steht davon in den vier Evangelien geschrieben?
Oh lasset uns nachlesen: beim heiligen Wort!

Was in diesen Frohbotschaften leicht überlesen wird, das ist Thema dieses Buchs
Obwohl es in der Heiligen Schrift der Christen
in vielen eng bedruckten Textspalten schwarz auf weiß gedruckt steht, in diesen
urchristlichen Schriften, die den Glauben auf zuverlässige Weise bezeugen,
die unter dem Beistand des Heiligen Geistes abgefaßt worden sind,
diesen für den Glauben und das Leben christlicher Kirchen maßgeblichen Urkunden.
DAS NEUE TESTAMENT
Einheitsübersetzung der Heiligen Schrift
Herausgegeben im Auftrag der Bischöfe Deutschlands, Österreichs, der Schweiz,
der Bischöfe von Luxemburg, Lüttich und Bozen-Brixen,
des Rates der Evangelischen Kirche in Deutschland und
der Deutschen Bibelgesellschaft (Evangelisches Bibelwerk)

Ihr Gott hat sich darin offenbart. Das behaupten Hirten und Theologen
Und wenn so ein übermächtiges Superwesen etwas offenbart hat,
dann müsste doch eigentlich alles klipp und klar sein, richtig und wahr sein.

Darf man bei den Worten Gottes genauer hinschauen?
In diesem Buch jedenfalls wird etwas genauer hingesehen und nachgelesen
als damals im Religionsunterricht und heute in Messen oder Worten zum Sonntag.
Was damals von Gott offenbart wurde, nicht was Hirten heute über ihn verkünden.

Wenn Sie kein Neues Testament haben, so kaufen Sie sich höchstens ein billiges
Um zu überprüfen, ob stimmt, was ich in diesem Buch darüber schreibe.
Um nachzudenken, ob Sie an Jesus und seine Lehren glauben wollen.
Um nicht zuviel Geld dafür auszugeben, sondern es für Besseres anzuwenden.

Warum schrieben und schreiben Hirten und Theologen so viele dicke Bücher?
Mit sehr vielen eigenen Worten, aber nur wenigen Worten ihres Gottes.
Wissen sie es besser als ihre himmlische Offenbarung?
Müssen die göttlichen Botschaften verbessert werden?
Oder wollen sie Worte ihres Gottes mit ihren Wortwolken zudecken?

In diesem Buch jedenfalls finden Sie ziemlich wenige Worte von mir,
dafür aber viele Worte jenes Jesus, genannt Christus.
Möge es Ihnen zu einem Überblick über die Lehren der Christentümer helfen!

Inhaltsverzeichnis

„Ich glaube an Gott"

Mit „Ich" fängt das Glaubensbekenntnis der christlichen Kirchen an.
Nicht mit „Gott", der kommt erst an zweiter Stelle.
Was jenes „ich" glaubt ist wichtig, wichtiger als jenes zu glaubende Wesen.
Das Bekenntnis zu Gott ist wichtiger als dieser Gott selbst.
Der Glaube an Gott ist das wichtigste. Wichtiger fast als dieser Gott.
–
Für wen?
Für einen allmächtigen und allwissenden Gott?
Der neben den zur Zeit über sechstausend Millionen Menschen dieser Erde
vielleicht noch ein paar andere Welten im Blick hat? –
Vermutlich nicht.

Für wen ist dieser eine Glaube wichtig?
Für Hirten und Kirchen, die von den Gläubigen leben.

Das Glaubensbekenntnis heißt auch Apostolisches Glaubensbekenntnis,
weil angeblich die Apostel es formulierten.
Was aber nicht stimmt:
erst später ist es in und von den christlichen Kirchen gebildet worden.

„Ich glaube an die Bundespräsidenten ..."
Jeder würde erkennen wie lächerlich ein solcher Satz ist.
Aber durch frühkindliche Gewöhnung wird die Sinnlosigkeit
des Glaubens an einen Gott sozusagen unhörbar.

Wenn es wirklich nur einen Gott gäbe, wie die großen Religionen behaupten
(auch wenn sie sich nicht einigen können, welcher der richtige ist),
dann müsste man nicht an ihn glauben.
Ein solches Dingens würde jeder bemerken.

Aber der christliche Gott muss geglaubt werden.
Genau wie jeder andere Gott auch geglaubt werden soll. Sagen dessen Diener.

Warum eigentlich?
Ich glaube an den Schweinsbraten! Das sagt ja auch keiner.
Ich glaube an Hexen und Dämonen? – Auch an erfundene Wesen kann man glauben.

Geglaubt werden muss, was nicht gewusst werden kann.
Was weder früher noch jetzt noch in Zukunft gewusst werden kann.

Die christlichen Religionen stimmen darin überein, dass man glauben muss
Nur was man glauben muss – darüber können sie sich nicht einigen.
Das ist so unklar, dass immer wieder neue Glaubensgemeinschaften entstehen.
Die sich alle christlich nennen.
Auch wenn keiner weiß, was christlich wirklich ist.
Weil keiner weiß, was wirklich christlich ist.

Im Münchner Telefonbuch zum Beispiel sind unter „Kirchen" aufgelistet
Nicht nur katholische und evangelisch-lutherische
mit ihren vielen Pfarrämtern,
sondern zudem noch:
Adventisten, Alt-Katholiken, Anglican-Episcopale, Brüdergemeinde,
Calvary Chapel, Christengemeinschaft Bewegung für religiöse Erneuerung,
Christliche Wissenschaft, Die Heilsarmee, Baptistengemeinde,
Christliche Gemeinschaft Charismatisches Zentrum, Finnische Gemeinde,
Gospel Life Center, Evangelisch-methodistische Gemeinde,
Evangelisch-reformierte Gemeinde, Frei katholische Gemeinde,
Freie Baptisten Gemeinde, Freie Christengemeinde München,
Freie Christengemeinde Die Brücke, Freie Evangelische Gemeinde, Gemeinde Christi,
Gemeinde der Christen ECCLESIA, Griechisch-orthodoxe Gemeinde,
Jehovas Zeugen, Kirche Jesu Christi der Heiligen der Letzten Tage,
Macedonisch-orthodoxe, Mennoniten, Russisch-orthodoxe, Serbisch-orthodoxe,
Ukrainisch-katholisch, Ungarisch-reformierte und Vineyard-Gemeinde
Also mindestens 30 andere „christliche"
Alle diese Kirchen verkünden das wahre Wort ihres Christus
Alle, alle, alle!
Auch wenn sie sich nicht einigen wollen, was dieses Wort bedeutet.

An jenen einen Gott soll man glauben? Der so viele uneinige Kirchen hat?
Nur ihren einen Gott gibt es angeblich, sagen diese vielen Angeber.

Glauben ist das Wichtigste im Leben
Sagen die, die vom Glauben der Leute leben.
Und für sie stimmt das sogar
Für sie ist der Glauben der anderen wirklich das Wichtigste.
Sonst müssten sie arbeiten gehen wie diese anderen, wie du und ich.

Ein Gläubiger kann Geld verlangen, ein Glaubender muss es abgeben

Was ist allen christlichen Kirchen gemeinsam?
Der Glaube, Gottes Willen besser zu kennen als die anderen christlichen Kirchen
Wer *ihnen* glaubt, wird selig.
Sagen sie.
Alle.

7

„den Vater, den Allmächtigen"

Und dieser Gott ist ein Vater. Keine Mutter
Und kein Onkel und keine Tante. Bruder oder Schwester über natürlich auch nicht.
Das steht felsenfest. Mitten oben im Himmel.

Obwohl man/fra/kin von diesem Wesen selbst nichts weiß.
Sondern nur nachbetet und nachfühlet,
was andere darüber gesagt oder geschrieben haben.

Dass Gott ein Vater ist, muss unbedingt geglaubt werden
Auch wenn andere Religionen viele Muttergottheiten haben.

War er ein Vater? Oder nur Erzeuger?
So richtig väterlich hat dieser Gott sich nicht einmal gegen seinen Sohn Jesus gezeigt.
Ein menschlicher Vater, der sich so wenig um seinen Nachwuchs kümmert,
würde zu Recht Rabenvater genannt werden.
Aber hier? Himmlischer Vater!
Na ja, kommt dem irgendwie nahe.

Es gibt wohl keinen guten Vater,
der unserem himmlischen Vater gleichen möchte.
Denis Diderot:
Anhang zu den philosophischen Gedanken, LI

Allmächtig ist der Vater über natürlich auch noch
Nicht nur mächtig oder sehr mächtig oder riesig mächtig – nein allmächtig.
Auch wenn er nichts tut, wenn man nicht an ihn glaubt.
Und auch wenn man glaubt, tut er nichts:
aber die Glaubenden deuten seine Macht hinein in dies und das und jenes.

So ohnmächtig ist dieser Allmächtige, dass schwache Menschen ihm dienen müssen.
So faul ist dieser Allmächtige, dass andere Menschen seinen Dienern dienen müssen.

Und auch sonst ist dieser Gott alles was der Mensch auch ist: Nur im Extrem.

Kann Gott einen Stein machen, der so schwer ist, dass er ihn nicht heben kann?
Entweder er kann ihn heben,
dann kann er keinen so schweren Stein machen.
Oder er kann einen so schweren Stein machen,
dann kann er ihn nicht heben.
Nur so wenig zu diesem ganzen sinnlosen Gerede
von Allmacht und ähnlichem übermenschlichen Unsinn.

„Schöpfer des Himmels und der Erde"

Das *muss* man inzwischen ja nicht mehr glauben
Zumindest im aufgeklärten Europa nicht.
(In den USA und anderen Erdteilen ist das wieder etwas anderes.)

Denn erstens haben die Wissenschaften
durch genaues Hinschauen und exaktes Untersuchen
manche Regel in der Natur entdeckt,
mit denen die Geschichte der Erde und des Lebens darauf
logisch nachvollziehbar erklärt werden kann.
Und das ist viel wunderbarer, viel interessanter, viel spannender,
als wenn da irgendeiner der ach so vielen Gotte der vielerlei vielen Priester
mal ein paar Wörtchen gesprochen hätte.

Zum zweiten lesen manche Leute einfach nach,
was in der Bibel über die Entstehung der Erde und des Lebens dort so steht,
und finden das genauso unglaublich
wie all die vielen anderen Märchen, Mythen und Legenden
der anderen Religionen über dieses Thema.

In jenem Buch Genesis sind zwei Schöpfungsgeschichten enthalten
Die miteinander fast nichts zu tun haben.
Im folgenden sind sie zur Veranschaulichung gegenüber gestellt:
Um dadurch einige der vielen Widersprüche und Unmöglichkeiten
dieser Heiligen Schriften zu erkennen:

Genesis 1,1-2,4a
Erster Tag: Himmel und Erde, Licht und Finsternis. –
Ohne Sonne, Mond und Sterne. Dunkelheit extra.

Genesis 2,4b-3,8
Ach hier Erde und Himmel. Und ein Nebel.–
Also weder Licht noch Finsternis.

Zweiter Tag: Die Feste des Himmels und das Wasser darüber. –
Also den Himmel noch mal, etwas verwässert.

Danach ein Mensch: aus Boden und Odem.
Mitten hinein in den Nebel und sonst nichts.

Dritter Tag: Erde und Meer und Gras und Kraut und Bäume. –
Also auch die Erde noch mal, etwas vermeert und begrünt.

Nur für ihn pflanzte Gott der HERR einen Garten
mit allerlei Bäumen, und zwei ganz besonderen.
Und einem Strom darin. Aber was für ~~einer~~ vier.
Mit vier Ländern, mit einigen Schätzen.

Vierter Tag: Lichter an der Feste des Himmels:
ein großes und ein kleines, dazu Sterne. –

Damit das Licht irgendwo her kam.
Auch wenn der Mond kein eigenes Licht hat.
Damit die Pflanzen des dritten Tages wachsen konnten.
Besonders wenn ein Tag ein paar Millionen Jahre lang war.

Dann wurde der Mensch in Eden gesetzt
und hörte ein Gebot, ein Verbot und eine Drohung.–
Der himmlische Vater hatte dem ersten Menschen
schon eine Sprache gegeben. Nur dafür.

Fünfter Tag: Wassertiere und Vögel. Und ihr Auftrag. –
Weil sie nicht von allein wussten, was sie tun sollten?

In dieser Schöpfung war etwas nicht gut.
Darum wollte Gott der HERR eine Gehilfin für den Menschen machen,
und machte Feldtiere und Vögel, die der Mensch benennen musste.
Aber für den Menschen war keine Gehilfin dabei, und keine um ihn. –
Nicht nur war in der Schöpfung dieses Gottes etwas nicht gut,
auch der Versuch, sie zu verbessern, ging ihm daneben.

Sechster Tag: Vieh, Gewürm und Feldtiere
und den Menschen als Bild Gottes: als Mann und Frau. –
Schon das Vieh, auch ohne Ställe und Hirten?
Und wer hat diesen Gott als Zwitter gesehen?

Also wurde Gott der HERR zum Chirurg
und baute aus einer Rippe des Mannes ein Weib.–
Und der eingeschläferte Adam hat das gesehen.
Oder woher weiß der Schreiber dieses Textes das?

Sein Job: zu herrschen und sich zu vermehren
und zu essen, aber nur fleischfrei.

Der Mensch sprach nur *über*; nicht *mit* seinem Weib.
Sie waren nackt. – Aber hatten schon Geschlechtsorgane?

Siebter Tag, Samstag, Sonnabend: ausruhen! –
Auch ein allmächtiger Gott wird mal müde?

Gott der HERR ging als der Tag kühl geworden war.–
Er hatte Dusche und Deodorant noch nicht erfunden.

Offenbar zwei völlig verschiedene Geschichten, die da hintereinander gestellt wurden.
Und die überhaupt nicht zusammen passen.

Wie ja auch alle anderen Religionen
solche und andere grauenvolle Geschichten haben.
Aus jenen Zeiten vor Romanen und Kino und Fernsehen …

(Genaueres folgt in einem eigenen Buch zu diesem Thema.)
(Auch über die zwei Sintfluten und anderen Heiligen Unsinn.)
(Unsinn nicht irgendeines Gottes, sondern jener unbekannten Erzähler.)

„und an Jesus Christus"

Christus (griechisch) Messias (hebräisch) Gesalbter (deutsch)

Jesus war der Name dieses Menschensohnes. Aber war er wirklich ein Gesalbter?
Und ob! Und wie!

Aber anders als erwartet.
Gesalbt wurde Jesus nicht von Priestern: um als Fürst zu herrschen,
sondern von ein bis drei Frauen: für sein Begräbnis.
Damit „christliche" Priester herrschen können.

Matthäus 26,6-13	Markus 14,3-9	Lukas 7,36-50	Johannes 12,3-8
Als Jesus in Betanien im Haus	Als Jesus in Betanien im Haus	Jesus ging in das Haus	… kam Jesus nach Betanien, wo
Simons des Aussätzigen	Simons des Aussätzigen		
		eines Pharisäers, [Simon]	
			Lazarus war, den er von den Toten auferweckt hatte.
		der ihn zum Essen eingeladen hatte,	
			Dort bereiteten sie
bei Tisch war,	bei Tisch war,	und legte sich zu Tisch.	ihm ein Mahl;

Dass Jesus zum Essen eingeladen war, das stimmt in allen vier Geschichtchen!
Anstatt sein Brot selbst durch ehrliche Arbeit zu verdienen …

Matthäus 26,6-13	Markus 14,3-9	Lukas 7,36-50	Johannes 12,3-8
kam eine Frau	kam eine Frau		
		Als nun eine Sünderin, die in der Stadt lebte, …	
			Da nahm Maria

Irgendeine Frau, zweimal. Oder eine Sünderin. Oder Lazarus' Schwester
Eine der vielen Mariae der vier Evangelien:
Der verwirrend vielen.

Matthäus 26,6-13	Markus 14,3-9	Lukas 7,36-50	Johannes 12,3-8
mit einem Alabastergefäß voll	mit einem Alabastergefäß voll	kam sie mit einem Alabastergefäß voll	
			ein Pfund
	echtem,		echtes,
kostbarem,	kostbarem		kostbares
wohlriechendem		wohlriechendem	
	Narden-		Narden-
Öl	öl,	Öl …	öl.

Viermal Öl. Welch eine außergewöhnlich gute Übereinstimmung!
Alabastergefäß voll mit Kostbarem immerhin dreimal.
Echtes oder wohlriechendes oder Nardenöl nur noch zweimal.

„und an Jesus Christus"

	zerbrach es		

Nur eines der drei vollen Alabastergefäße wurde zerbrochen

zu ihm und goß es über sein Haar.	und goß das Öl über sein Haar.		
		... ihre Tränen fielen auf seine Füße.	
		Sie trocknete sie mit ihrem Haar,	
		küßte sie	
		und salbte seine Füße mit dem Öl.	... salbte Jesus die Füße
			und trocknete sie mit ihrem Haar.

Zweimal wurde Haar begossen. Zweimal Füße gesalbt. Zweimal mit Haar getrocknet.

Für göttliche Offenbarungen ist das schon eine ganz gute Übereinstimmung

Das kann über natürlich nicht so weiter gehen.

		Als der Pharisäer ... das sah, dachte er:	

Jesus konnte Gedanken lesen – Oder Lukas das hinschreiben

		Wenn er wirklich ein Prophet wäre, müßte er wissen, was das für eine Frau ist, von der er sich berühren läßt; er wüßte, daß sie eine Sünderin ist.	

„Sünderin" bedeutet wahrscheinlich: Hure, Nutte, Prostituierte

Davon wollen die drei anderen Evangelisten übernatürlich nichts wissen:

Die Jünger			
	Einige aber		
			Doch einer von seinen Jüngern, Judas Iskariot, der ihn später verriet,
wurden unwillig ... und sagten:	wurden unwillig und sagten		
	zueinander:		
			sagte:
Wozu diese Verschwendung?	Wozu diese Verschwendung?		
Man hätte das Öl	Man hätte das Öl		Warum hat man dieses Öl
teuer			
verkaufen und	um mehr als dreihundert Denare verkaufen und		nicht für dreihundert Denare verkauft und
das Geld den Armen geben können.	das Geld den Armen geben können.		den Erlös den Armen gegeben? ...

Die Jünger oder einige oder einer dachte/n an die Armen – Jesus nicht

„und an Jesus Christus"

Jesus bemerkte ihren Unwillen und sagte zu ihnen:	Jesus aber sagte:	… Jesus … sagte:	Jesus erwiderte:
		Simon, ich möchte dir etwas sagen. …	
	Hört auf!		
Warum laßt ihr die Frau nicht in Ruhe?	Warum laßt ihr sie nicht in Ruhe?		Laß sie, …
Sie hat ein gutes Werk an mir getan.	Sie hat ein gutes Werk an mir getan.		
Denn die Armen habt ihr immer bei euch,	Denn die Armen habt ihr immer bei euch,		Die Armen habt ihr immer bei euch,
	und ihr könnt ihnen Gutes tun, sooft ihr wollt;		
mich aber habt ihr nicht immer.	mich aber habt ihr nicht immer.		mich aber hat ihr nicht immer bei euch.

Das stimmt zwar, das könnte aber jeder Reiche auch von sich sagen

Das war kein guter Grund, Jesus!

Das ist eine schlechte Begründung, angeblicher Sohn Gottes!

	Sie hat getan, was sie konnte.		
Als sie das Öl über mich goß, hat sie meinen Leib für das Begräbnis gesalbt.	Sie hat im voraus meinen Leib für das Begräbnis gesalbt.		… damit sie es für den Tag meines Begräbnisses tue.

Trotzdem gingen später mehrere Frauen zu seinem Grab: um ihn zu salben

Amen, ich sage euch:	Amen, ich sage euch:	Deshalb sage ich dir:	
Überall auf der Welt, wo dieses Evangelium verkündet wird, wird man sich an sie erinnern	Überall auf der Welt, wo das Evangelium verkündet wird, wird man sich an sie erinnern		
und erzählen, was sie getan hat.	und erzählen, was sie getan hat.		

Aber schon wenig später war die Erinnerung daran vergessen

Bei Johannes wurde Jesus vor seinem Begräbnis noch einmal gesalbt,

bei Markus und Lukas gingen mehrere Frauen zum Grab, um ihn zu ölen und salben:

Johannes 19,39-40, Markus 16,1 und *Lukas 24,1*

Wer soll mit diesen Erzählungen angeschmiert werden?

Aber immerhin: Jesu Jünger fingen später Nachfolger, die sie salbten

Wer gut schmiert, der gut fährt! – Heute sogar mit Heiligem Öl!

Nicht einfach mit einem Kosmetik-Artikel wie damals jener Gottessohn.

| | | Ihr sind ihre vielen Sünden vergeben, weil sie (mir) so viel Liebe gezeigt hat. | |

Was für eine üble Stellvertreter-Masche!
Eine Sünde vergeben kann nur der, an dem diese Sünde verübt wurde!
Nicht irgendein Gottessohn oder einer seiner Stellvertreter, ein Priester!
Obwohl die das immer wieder behaupten:
weil es die Grundlage ihrer großen Macht und vieler Einnahmen ist.

| | | Wem aber wenig vergeben wird, der zeigt auch nur wenig Liebe. | |

Die größten Verbrecher sollten Gott daher die größte Liebe zeigen
Damit ihnen groß vergeben wird!
Die Mafia macht das: sie ist streng katholisch.
Warum zeigen Bischöfe und Priester ihrem Gott so viel Liebe?
Haben sie so viel gesündigt? Was denn? Wo denn? Wie denn?

| | | Dann sagte er zu ihr: Deine Sünden sind dir vergeben. … Dein Glaube hat dir geholfen. Geh in Frieden! | |

Jesus hat zu einer Frau sogar etwas gesagt! Aber nur bei Lukas. Zur Sünderin

Jesus zu salben: das war besser als das Geld den Armen zu geben
Gottesliebe ist wichtiger als Nächstenliebe.
Ist doch wohl klar! Für seine (Ver-)Diener: die Hirten und Theologen.

Sogar die Ärmsten der Armen sollen dem Tempel ihr Geld geben
Jesus war ganz begeistert von der Frau, die das machte:

Markus 12,43-13,1	Lukas 21,2-5
Da kam auch eine arme Witwe und warf zwei kleine Münzen hinein. … Amen, ich sage euch: … diese Frau aber, die kaum das Nötigste zum Leben hat, sie hat alles gegeben, was sie besaß, ihren ganzen Lebensunterhalt. Als Jesus den Tempel verließ …	Dabei sah er auch eine arme Witwe, die zwei kleine Münzen hineinwarf. Da sagte er: Wahrhaftig, ich sage euch: … diese Frau aber, die kaum das Nötigste zum Leben hat, sie hat ihren ganzen Lebensunterhalt hergegeben. Als … der Tempel …

Voll Begeisterung erzählte Jesus diese seine Beobachtung.
Und auch heute sollen Frauen die Diener Gottes salben und schmieren
Denn die kennen doch diese schönen Heiligen Geschichtchen.
Von denen sind manche teilweise fast beinah ein bisschen wahr?
Wurde Jesus wirklich viermal verschieden eingeschmiert?
Werden die Gläubigen oftmals verschieden angeschmiert?
Das zweite ist ziemlich sicher der Fall.

Wie Jesus sich nannte: wer er war. Oder sein wollte

Nach den Worten der vier Evangelisten.
Denn Jesus hat von den vielen Worten, die über ihn geschrieben wurden,
kein einziges selbst geschrieben. Obwohl er lesen konnte ...

	Matthäus	Markus	Lukas	Johannes
der Herr	21,3; 24,42-51 25,37-44	5,19 11,3	19,31-34	13,13-14
Bräutigam	9,15	2,19-20	5,34-35	
Bräutigam mit 5 klugen Jungfrauen	25,5-13			
Erbe eines Weinbergs	21,33-46	12,1-12	20,9-19	
Sämann	13,1-23	4,1-20	8,4-15	
Meister	26,18	10,18; 14,14	22,11	13,13-14
nicht gut		10,18		
Richter (der Welt)	25,31-46			5,22-30 9,39
Arzt	9,12	2,17	5,31	19,37
König	25,34-40		19,11-27	18,37
Prophet	13,57	6,4	4,24 13,33	4,44
Eckstein	21,42	12,10	20,17-18	
mehr als Salomo	12,42		11,31	
Messias, Christus	16,17-20	9,41 14,62	24,26 24,46	4,26 10,24-25; 17,3
Tempel (Gottes)	26,61 27,40	14,58 15,29		2,19
Vergeber der Sünden	9,2-6	2,5-11	5,20-24 7,48	
(der) Menschensohn	8,20; 9,6 10,23 11,19 12,8.32.40 13,37.41 16,13.27 17,9-12.22 19,28 20,18.28 24,27-44 25,31 26,2.24.54.64	2,10.28 8,31.38 9,9.12.31 10,33.45 13,26 14,21.41.62	5,24; 6,5.22 7,34 9,22.26 9,44.58 11,30 12,8.10.40 17,22-30 18,8.31-33 19,10 21,27.36 22,22.48.69 24,7	1,51 3,13-15 5,27 6,27.53.62 8,28 9,35-37 12,23.34 13,31
Sohn des (himmlischen) Vaters / Gottes Sohn	11,25-27 12,50 16,16-17 18,19		2,49 10,22 22,29.70	3,16-18 5,17.19-47 6,32.40.43.57 8,49.54; 10,36-38 11,4.41 12,27-28; 15,8-10 16,27.28; 17,1

Gesandter, Verkünder (Gottes) (des Vaters)		9,37	4,18-21 4,43-44 10,16	3,17; 4,34 5,23-24.30.36-43 6,29.38-39.57 7,16.28.29 8,16.18.26-29. 40.42 9,4; 10,36; 11,42 12,44-45.49-50 13,3.20; 14,24 15,15.21 16,5.27.28 17,4.8.18.23-25
v. Himmel herab, in Himmel hinauf				3,13 6,41
Retter (der Jünger) (der Welt)				3,17 5,34 12,47
Licht (in) (der Welt) (des Lebens)				3,19-21 8,12; 9,5 12,35-36.46
Auferwecker (am letzten Tag), Geber des (ewigen) Lebens				5,21-40 6,39.40.44.54 10,28 11,25-26; 17,2
Brot des Lebens/ vom Himmel				6,32-35.41 48-58
Quelle lebendigen Wassers				7,37-38
nicht aus dieser Welt				8,23
Tür zu Schafen				10,7-9
(guter) Hirt, der sein Leben gibt				10,11-18 10,27
eins mit Vater / im Vater und Vater in ihm				10,30-38 14,9-11.20 17,21-23
Weg und Wahrheit und Leben				14,6
wahrer Weinstock				15,1-6

Jesu häufigste Bezeichnung für sich: Menschensohn, der Sohn von Menschen
Nicht Gottessohn oder Sohn Gottes! Wie seine Priester und Verdiener behaupten.
„Menschensohntum" wäre aber weit weniger werbewirksam als „Christentum".
Auch wenn es nie eines gab, sondern immer mehrere widersprüchliche Christentümer.
Ein Mann mit großer Phantasie muss der Evangelist Johannes gewesen sein
Seinem Jesus so viele verschiedene Namen zu geben.
Und dazu so einzigartig überspannte …
Bescheidenheit ist eine Zier! Doch weiter kam Jesus ohne ihr
Oder diejenigen, die sich als die Nachkommen seiner Jünger ausgeben.

An Jesus muss man glauben! – Das schrieb erst Johannes

Im spätesten der vier Evangelien: etliche Jahrzehnte nach den anderen

… damit jeder, der (an ihn) glaubt, in ihm das ewige Leben hat.
Johannes 3,15

… damit jeder, der an ihn glaubt, nicht zugrunde geht, sondern das ewige Leben hat.
Johannes 3,16

Wer an ihn glaubt, wird nicht gerichtet; wer nicht glaubt, ist schon gerichtet …
Johannes 3,18

Wer an den Sohn glaubt, hat das ewige Leben; wer aber dem Sohn nicht gehorcht,
wird das Leben nicht sehen, sondern Gottes Zorn bleibt auf ihm.
Johannes 3,36

Amen, amen, ich sage euch: Wer mein Wort hört und dem glaubt,
der mich gesandt hat, hat das ewige Leben; er kommt nicht ins Gericht …
Johannes 5,24

Da fragten sie ihn: Was müssen wir tun, um die Werke Gottes zu vollbringen?
Jesus antwortete: Das ist das Werk Gottes, daß ihr an den glaubt, den er gesandt hat.
Johannes 6,28-29

Denn es ist der Wille meines Vaters, daß alle, die den Sohn sehen und an ihn glauben,
das ewige Leben haben und daß ich sie auferwecke am Letzten Tag. …
Johannes 6,40

Amen, amen, ich sage euch: Wer glaubt, hat das ewige Leben.
Johannes 6,47

Amen: Wenn jemand an meinem Wort festhält, wird er auf ewig den Tod nicht schauen.
Johannes 8,51

Jesus erwiderte ihr: Ich bin die Auferstehung und das Leben.
Wer an mich glaubt, wird leben, auch wenn er stirbt,
und jeder, der lebt und an mich glaubt, wird auf ewig nicht sterben.
Johannes 11,25-26

Habe ich dir nicht gesagt: Wenn du glaubst, wirst du die Herrlichkeit Gottes sehen?
Johannes 11,40

Ich bin das Licht, damit jeder, der an mich glaubt, nicht in der Finsternis bleibt. …
Johannes 12,46

Euer Herz lasse sich nicht verwirren: Glaubt an Gott und glaubt an mich.
Johannes 14,1

Ich bin der Weg und die Wahrheit und das Leben; niemand kommt zum Vater außer …
Johannes 14,6

… denn der Vater selbst liebt euch, weil ihr mich geliebt
und weil ihr geglaubt habt, daß ich von Gott ausgegangen bin.
Johannes 16,27

Das ist das ewige Leben: dich, den einzigen wahren Gott, zu erkennen
und Jesus Christus, den du gesandt hast.
Johannes 17,3

Jesus sagte zu ihm: … Selig sind, die nicht sehen und doch glauben.
Johannes 20,29

Noch viele andere Zeichen … hat Jesus vor den Augen seiner Jünger getan.
Diese aber sind aufgeschrieben, damit ihr glaubt, daß Jesus der Messias ist,
der Sohn Gottes, und damit ihr durch den Glauben das Leben habt in seinem Namen.
Johannes 20,30-31

„seinen eingeborenen Sohn"

Es gab schon vorher andere Söhne dieses Gottes ...

Und du sollst zu ihm sagen: So spricht der Herr: Israel ist mein erstgeborener Sohn ...
Exodus 4,22

Dankest du so dem Herrn, deinem Gott, du tolles und törichtes Volk?
Ist er nicht dein Vater und dein Herr?
Ist's er nicht allein, der dich gemacht und bereitet hat?
Deuteronomium 32,6

Ich will sein Vater sein, und er soll mein Sohn sein.
Wenn er sündigt, will ich ihn mit Menschenruten
und mit menschlichen Schlägen strafen.
2. Buch Samuel 7,14

Ich will sein Vater sein, und er soll mein Sohn sein.
Und ich will meine Gnade nicht von ihm wenden,
wie ich sie von dem gewandt habe, der vor dir war,
sondern will ihn einsetzen in mein Haus und in mein Königtum ewiglich.
1. Buch der Chronik 17,13

Er soll mein Sohn sein, und ich will sein Vaters sein.
Und ich will seinen königlichen Thron über Israel bestätigen ewiglich.
1. Buch der Chronik 22,10

Kundtun will ich den Ratschluß des Herrn:
Er hat zu mir gesagt: „Du bist mein Sohn, heute habe ich dich gezeugt.
Bitte mich, so will ich dir Völker zum Erbe geben, und der Welt Enden zum Eigentum.
Du sollst sie mit eisernem Szepter zerschlagen, wie Töpfe sollst du sie zerschmeißen."
Psalm 2,7

Bist du doch unser Vater;
denn Abraham weiß von uns nichts, und Israel kennt uns nicht.
Du Herr, bist unser Vater;
„Unser Erlöser", das ist von alters her dein Name.
Psalm 63,16

„Wohl habe ich gesagt: Ihr seid Götter / und allzumal Söhne des Höchsten;
aber ihr werdet sterben wie Menschen ..."
Psalm 82,6-7

Er wird mich nennen: Du bist mein Vater, / mein Gott und Hort, der mir hilft.
Und ich will ihn zum erstgeborenen Sohn machen, /
zum Höchsten unter den Königen auf Erden. Ich will ihm ewiglich bewahren ...
Psalm 89,27-29

Ich will sie zu Wasserbächen führen auf ebenem Wege, daß sie nicht zu Fall kommen;
denn ich bin Israels Vater und Ephraim ist mein erstgeborener Sohn.
Jeremia 31,9

Ist nicht Ephraim mein teurer Sohn und mein liebes Kind?
Denn sooft ich ihn auch drohe, muß ich doch seiner gedenken ...
Jeremia 31,20

Als Israel jung war, hatte ich ihn lieb und rief ihn, meinen Sohn, aus Ägypten,
aber wenn man sie jetzt ruft, so wenden sie sich davon und opfern den Baalen ...
Hosea 11,1-2

Eine Stimme aus dem Himmel sprach das bei Jesu Taufe – Oder Johannes der Täufer bezeugte es

Alle vier Evangelien berichten über dieses Ereignis: was für ein Wunder!
Obwohl: *berichten* kann man das eigentlich nicht nennen.
So unglaublich widersprüchlich wie diese „göttlichen" Geschichten sind.

Matthäus 3,13-17	*Markus 1,9-11*	*Lukas 3,21-22*	*Johannes 1,29-34*
Zu dieser Zeit kam Jesus von Galiläa an den Jordan zu Johannes, um sich von ihm taufen zu lassen.	In jenen Tagen kam Jesus aus Nazaret in Galiläa	Zusammen mit dem ganzen Volk	Am Tag darauf sah er [Johannes] Jesus auf sich zukommen

So weit, so gut: gut übereinstimmend. Aber dann wieder Widersprüche
Vier verschiedene Abläufe schrieben diese vier Froh-Botschafter.

Johannes aber wollte es nicht zulassen			
und sagte			und sagte:
zu ihm:			

In zwei der Evangelien sagte Johannes der Täufer etwas: zu Jesus oder über Jesus.
Obwohl er auch zweimal überhaupt nichts sagte.

Ich müßte von dir getauft werden, und du kommst zu mir?			
Jesus antwortete ihm:			
Laß es nur zu! Denn nur so können wir die Gerechtigkeit (die Gott fordert) ganz erfüllen.			
			Seht, das Lamm Gottes, das die Sünde der Welt hinwegnimmt.
			Er ist es, von dem ich gesagt habe: Nach mir kommt ein Mann, der mir voraus ist, weil er vor mir war.
			Auch ich kannte ihn nicht;

Im vierten Evangelium kannte Johannes der Täufer diesen Jesus nicht. Sagte er.
Bei Lukas hatte schon der ungeborene Johannes den ungeborenen Jesus erkannt:
Wer bin ich, daß die Mutter meines Herrn zu mir kommt? In dem Augenblick,
als ich deinen Gruß hörte, hüpfte das Kind vor Freude in meinem Leib.
Lukas 1,44-45
Und die Mutter des Johannes, Elisabet, und die Mutter Jesu, Maria, waren verwandt:
Auch Elisabet, deine Verwandte, hat noch in ihrem Alter einen Sohn empfangen;
Lukas 1,36
So nah verwandt, dass Maria ein Vierteljahr lang bei Elisabet wohnte: *Lukas 1,56*

Da gab Johannes nach.			
			aber ich bin gekommen und taufe mit Wasser, um Israel mit ihm bekannt zu machen.

Jesus überredete Johannes zu seiner Taufe.

Johannes wollte Israel zu Jesus überreden.

Kaum war Jesus getauft	und ließ sich von Johannes taufen.	ließ sich auch Jesus taufen. Und	
		während er betete	

Das Beten Jesu hat nur Lukas gehört. Oder erfunden.
Und im Johannes-Evangelium taufte Johannes jenes Lamm Gottes Jesus nicht.

und aus dem Wasser gestiegen,	Und als er aus dem Wasser stieg		
	sah er,		
da öffnete sich der Himmel,	daß der Himmel sich öffnete	öffnete sich der Himmel	

Wie bitte? War da eine Tür? Oder was wurde da wie bitte geöffnet?

			Und Johannes bezeugte:
und er sah			
			Ich sah
		und der Heilige	
den Geist	und der Geist	Geist	daß der Geist
Gottes			vom Himmel

Vier verschiedene Geister?

		kam sichtbar	
wie eine Taube auf sich herabkommen.	wie eine Taube auf ihn herabkam.	in Gestalt einer Taube auf ihn herab	herabkam wie eine Taube und auf ihm
			blieb. Das habe ich gesehen

Jesus sah – Jesus sah – (für alle) sichtbar – Johannes sah

Hatte nur Jesus einen Vogel? – Oder auch andere? – Oder nur Johannes?
Aber wenn es eine Möwe gewesen wäre? – War es ein Storch? Oder ein Kuckuck?
Schließlich geht es hier um Kindersachen und Vaterschaft …

Woher wissen die vier, dass irgendein Geist in dieser Taube steckte?

Hat damals eine Taube den Jesus beschissen? Oder heute die Schafe?

Und eine Stimme aus dem Himmel	Und eine Stimme aus dem Himmel	und eine Stimme aus dem Himmel	
			und ich
sprach:	sprach:	sprach:	
			bezeuge:
Das ist mein geliebter Sohn,	Das ist mein geliebter Sohn,	Du bist mein geliebter Sohn,	
			Er ist der Sohn Gottes.
an dem ich Gefallen gefunden habe.	an dir habe ich Gefallen gefunden.	an dir habe ich Gefallen gefunden.	

Dreimal eine Stimmel aus dem Himmel

Einmal die Stimme Johannes des Nicht-Säufers

Der im letzten Evangelium noch etliches mehr über Jesus verkündete:

Johannes 3,27-36

Eine geliebte Tochter Gottes gibt es über natürlich nicht!

Wo stände sonst der Vatikan? Verweichlicht zu einer Mamimus?

Alles klar und deutlich: Gottes geliebter Sohn stand vor Johannes!
Oder aber doch nicht: Johannes muss fragen, ob er der Angekündigte sei?
War jene Himmelsstimme nicht *deutlich* gewesen, sondern nur *täuberich?*

Matthäus 11,2-6	Lukas 7,18-23
Johannes hörte im Gefängnis von den Taten Christi. Da schickte er seine Jünger zu ihm und ließ ihn fragen:	Johannes erfuhr das alles von seinen Jüngern. Da rief er zwei von ihnen zu sich, schickte sie zum Herrn und ließ ihn fragen:
Bist du der, der kommen soll, oder müssen wir auf einen andern warten?	Bist du der, der kommen soll, oder müssen wir auf einen andern warten?
	Als die beiden Männer zu Jesus kamen, sagten sie: Johannes der Täufer hat uns zu dir geschickt und läßt dich fragen:
	Bist du der, der kommen soll, oder müssen wir auf einen andern warten?

Dreimal dieselbe Frage! Nicht zu fassen! So eine Übereinstimmung!
In zwei der vier Evangelien zweifelte Johannes der Täufer
Obwohl er bei der Taufe dabei direkt neben Jesus gestanden war!
So eindeutig wie beschrieben war das bei der Taufe Jesu also nicht
Wenn sogar Johannes der Täufer sicherheitshalber nachfragte.

	Damals heilte Jesus viele Menschen von ihren Krankheiten und Leiden, befreite sie von bösen Geistern und schenkte vielen Blinden das Augenlicht.
Jesus antwortete ihnen:	Er antwortete den beiden:
Geht und berichtet Johannes, was ihr hört und seht: Blinde sehen wieder, und Lahme gehen; Aussätzige werden rein und Taube hören; Tote stehen auf, und den Armen wird das Evangelium verkündet.	Geht und berichtet Johannes, was ihr gesehen und gehört habt: Blinde sehen wieder, Lahme gehen, und Aussätzige werden rein; Taube hören, Tote stehen auf, und den Armen wird das Evangelium verkündet.
Selig ist, wer an mir keinen Anstoß nimmt.	Selig ist, wer an mir keinen Anstoß nimmt.

Jesus hat gelogen und seine Wunder arg übertrieben
Tote stehen auf? Nur bei Lukas einer und bei Johannes ein anderer! (Siehe Seite 58)
Vielleicht konnten ein paar Blinde wieder gehen und ein paar Lahme wieder sehen?
Und Wunder beweisen nun gar nichts: siehe Seite 57 und 62.

Und warum musste Johannes der Täufer überhaupt fragen?
Er, der doch der unter allen Menschen unübertroffen war:

Matthäus 11,11	Lukas 7,28
Amen, das sage ich euch: Unter allen Menschen hat es keinen größeren gegeben als Johannes den Täufer;	Ich sage euch: Unter allen Menschen gibt es keinen größeren als Johannes.

Aber trotzdem hatte dieser große Johannes den Gottessohn nicht erkannt?!

„Wenn du Gottes Sohn bist ..." Jesus allein in der Wüste

Bei Johannes fand Jesus nach der Taufe seine fünf ersten Jünger und ging darauf
mit ihnen und seiner Mutter zur Hochzeit in Kana. Die nur Johannes kennt. –
Bei den anderen drei Evangelisten ging Jesus nach seiner Taufe in die Wüste.
Davon wusste Johannes kein Sterbenswörtchen, oder hielt das nicht für wichtig.
Obwohl nur Jesus das alles erzählt haben kann: denn er war ganz allein in der Wüste.

Matthäus 4,1-11	Markus 1,12-13	Lukas 4,1-13
Dann wurde Jesus vom Geist in die Wüste geführt;	Danach trieb der Geist Jesus in die Wüste.	Darauf führte ihn der Geist ... in der Wüste umher;

Was für ein Geist das wohl war? Der Heilige vermutlich nicht

	Dort blieb Jesus vierzig Tage lang	... vierzig Tage lang ...
dort sollte er vom Teufel in Versuchung geführt werden.	und wurde vom Satan in Versuchung geführt.	und dabei wurde Jesus vom Teufel in Versuchung geführt.
	Er lebte bei den wilden Tieren,	

Davon wissen die anderen zwei nichts

	und die Engel dienten ihm.	

Und das ist schon das Ende dieser Geschichte bei Markus

Mehr hat er nicht gewusst, dieser erste der vier Evangelien-Schreiber.
Oder er fand das nicht so wichtig: ein Streit zwischen Teufel und Sohn Gottes.
Ja mei, ja mei, ja mei – was ist denn da schon dabei? War das denn interessant?

Als er vierzig Tage und Nächte gefastet hatte, bekam er Hunger.		Die ganze Zeit über aß er nichts; als aber die vierzig Tage vorüber waren, hatte er Hunger.

Erst nach vierzig Tagen hatte Jesus Hunger. Davor muss er ziemlich fett gewesen sein.

Da trat der Versucher an ihn heran und sagte:		Da sagte der Teufel zu ihm:
Wenn du Gottes Sohn bist,		Wenn du Gottes Sohn bist,

Wenn ... Hat der arme Teufel das nicht gewusst? Dass Jesus Gottes Sohn war?
Stand das trotz der wunderbaren Geburt und der Taufe immer noch nicht fest?

so befiehl, daß aus diesen Steinen Brot wird.		so befiehlt diesem Stein, zu Brot zu werden.

Wenn Jesus wirklich Gottes Sohn gewesen wäre

dann hätte der Teufel wohl nicht gewagt, ihm so einen Vorschlag zu machen.
Ein Sohn Gottes hätte doch selbst viel besser gewusst als so ein armer Teufel,
was zu machen war und was er machen konnte.

Er aber antwortete: In der Schrift heißt es:		Jesus antwortete ihm: In der Schrift heißt es:

Jesus antwortete, wie ein Schriftgelehrter geantwortet hätte.
Jesus antwortete ganz und gar nicht wie ein Sohn Gottes geantwortet hätte!

Ein Sohn Gottes hätte dem Teufel doch ganz was anderes gesagt!
Und ihn am besten gleich den Hals umgedreht: jetzt wo der so nah vor ihm stand!
Dadurch hätte dieser Gottessohn die Welt wirklich vom Bösem erlösen können!

Der Mensch lebt nicht nur von Brot,		Der Mensch lebt nicht nur von Brot.

Jeder Mensch braucht Brot und auch anderes. Das weiß doch wirklich jedes Kind.
Aber war Jesus Gottes Sohn? Das war doch die wirkliche Frage.

sondern von jedem Wort, das aus Gottes Mund kommt.		

Gottes Sohn lebt vom Wort, das aus Gottes Mund kommt? Meinte Jesus das wirklich?
Die meisten Menschen leben ganz gut ohne jene Worte.
Und andere Menschen leben mit jenen Worten im Elend.
Richtig ist dieser Satz nur für Priester und Hirten:
Sie leben von ihren Worten ihres Gottes, die sie aus ihrem Mund kommen lassen.

Darauf nahm ihn der Teufel mit sich in die Heilige Stadt, stellte ihn oben auf den Tempel		Darauf führte ihn der Teufel nach Jerusalem, stellte ihn oben auf den Tempel

Noch einmal eine hervorragende Gelegenheit, die Welt vom bösen Teufel zu erlösen.
Aber offenbar hatte Jesus daran gar kein Interesse! Dieser angebliche Erlöser!?

und sagte zu ihm: Wenn du Gottes Sohn bist, so stürz dich hinab; denn so heißt es in der Schrift:		und sagte zu ihm: Wenn du Gottes Sohn bist, so stürz dich von hier hinab; denn es heißt in der Schrift:
Seinen Engeln befiehlt er,		Seinen Engeln befiehlt er, dich zu behüten; und: Sie werden
dich auf ihren Händen zu tragen, / damit dein Fuß nicht an einen Stein stößt.		dich auf ihren Händen tragen, / damit dein Fuß nicht an einen Stein stößt.

Aber davon, dass der Kopf nicht an einen Stein stößt, stand nichts in der Schrift.
Vielleicht war Jesus zuvor schon auf den Kopf gefallen, als er diese Stimme hörte?

Jesus antwortete ihm: In der Schrift heißt es auch: Du sollst den Herrn, deinen Gott, nicht auf die Probe stellen.		Da antwortete ihm Jesus: Die Schrift sagt: Du sollst den Herrn, deinen Gott, nicht auf die Probe stellen.

Der Allmächtige könnte sie vielleicht nicht bestehen, sondern durchfallen!
Was würde dann aus seinen Dienern?

Wieder nahm ihn der Teu- fel mit sich und führte ihn		Da führte ihn der Teufel
auf einen sehr hohen Berg; er zeigte ihm alle Reiche der Welt in ihrer Pracht		(auf einen Berg) hinauf und zeigte ihm in einen einzigen Augenblick alle Reiche der Erde.

Das muss ein sehr hoher Berg gewesen sein oder eine ungewöhnlich kleine Erde.
Wenn man alle Reiche überschauen konnte. Und ihre Pracht! In einem Augenblick!

Und eine Kugel war die Erde damals auch nicht, sondern noch eine Scheibe.

und sagte zu ihm: Das alles will ich dir geben,		Und er sagte: All die Macht und Herrlichkeit dieser Reiche will ich dir geben;
		denn sie sind mir überlassen, und ich gebe sie, wem ich will.

Wer hatte denn dem Teufel alle diese Reiche überlassen?
Damit er sie ganz nach seinem Willen verteilt? –
Das kann doch nur dieser allmächtige Schöpfer gewesen sein!
Und warum machte der so einen Scheiß?
Dieser Gott, der doch die Liebe sein soll?

wenn du dich vor mir niederwirfst und mich anbetest.		Wenn du dich vor mir niederwirfst und mich anbetest, wird dir alles gehören.

Hätte der Teufel wirklich geglaubt, dass der Sohn Gottes so etwas machen würde?
Dem Sohn Gottes gehört doch auch ohne so einen Kniefall schon alles.
Was wäre das sonst für ein Sohn Gottes?
Ein enterbter oder enteigneter Gottessohn? – Das hat man ja noch nie gehört.

Da sagte Jesus:		Jesus antwortete ihm:
Weg mit dir, Satan!		
Denn in der Schrift steht: Vor dem Herrn, deinem Gott, sollst du dich niederwerfen, und ihm allein dienen.		In der Schrift steht: Vor dem Herrn, deinem Gott, sollst du dich niederwerfen und ihm allein dienen.

Das Wörtchen „allein" hat Jesus zur Schrift hinzugefügt, das steht dort nicht:
Deuteronomium 5,9 und *6,13*
Aber der Sohn Gottes bräuchte sich doch vor Gott nicht niederwerfen.
Das muss doch bestenfalls ein Mensch machen.
Oder genauer gesagt: glaubende Menschen; genannt Schafe.
Sie müssen sich vor den Herren Gottes, ihren Hirten, niederwerfen.

Darauf ließ der Teufel		Nach diesen Versuchungen ließ der Teufel
		für eine gewisse Zeit
von ihm ab,		von ihm ab.

Nur für eine gewisse Zeit? Bei Lukas? Wann kam der Teufel denn wieder zu Jesus?
Und wer brachte Jesus in die Wüste zurück?
Von dem sehr hohen Berg, bei Matthäus?
Oder von oben auf dem Tempel, bei Lukas?

und es kamen Engel und dienten ihm.	und die Engel dienten ihm.	

Und brachten ihm Brot? Oder Manna? Und dazu auch Wein?
Oder war Jesus auch schon so im Delirium? Nach vierzig Tagen Fasten …

Eine wolkige Stimme nannte Jesus „mein geliebter Sohn" – Nur Johannes ge-brauchte keine Verklärung

Nicht nur bei der Taufe hat eine Stimme aus dem Himmel oder Johannes der Täufer
jenen Jesus als geliebten Sohn oder Gottes Sohn anerkannt.
Das geschah auch später noch einmal, allerdings nur in kleinerem Kreis.
Und ohne eine Taube, dafür aber mit Mose und Elija.
Und nicht irgendwo am Ufer des Jordan, sondern auf irgendeinem Berg.

Matthäus 17,1-9	Markus 9,2-10	Lukas 9,28-36
Sechs Tage danach nahm Jesus	Sechs Tage danach nahm Jesus	Etwa acht Tage nach diesen Reden nahm Jesus
Petrus, Jakobus und dessen Bruder Johannes beiseite	Petrus, Jakobus und Johannes beiseite	Petrus, Johannes und Jakobus beiseite
und führte sie auf einen hohen Berg.	und führte sie auf einen hohen Berg, aber nur sie allein.	und stieg mit ihnen auf einen Berg,
		um zu beten.
		Und während er betete,

Obwohl Jesus zum Beten sonst alleine in die Einsamkeit ging:
Matthäus 26,39-45
Markus 1,35 und *14,35-41*
Lukas 5,16; 6,12; 9,18 und *22,41-45*

Und er wurde vor ihren Augen verwandelt;	Und er wurde vor ihren Augen verwandelt;	
		veränderte sich
Sein Gesicht leuchtete		das Aussehen seines Gesichtes
wie die Sonne, und seine Kleider wurden blendend weiß	seine Kleider wurden strahlend weiß, so weiß,	und sein Gewand wurde leuchtend weiß.
wie das Licht.		
	wie sie auf Erden kein Bleicher machen kann.	

Ganz ohne zwei Weißmacher und ohne Persil und ohne Ariel.

Da erschienen plötzlich vor ihren Augen Mose und Elija	Da erschien vor ihren Augen Elija und mit ihm Mose,	… Es waren Mose und Elija;
und redeten mit Jesus.	und sie redeten mit Jesus.	Und plötzlich redeten zwei Männer mit ihm. …

Woher die drei Jünger wussten, dass es Mose und Elia waren?
Die beiden waren schließlich schon lange gestorben, und es gab keine Bilder.

		sie erschienen in strahlendem Licht und sprachen von seinem Ende, das sich in Jerusalem erfüllen sollte.

Lukas etwas mehr gesehen und gehört

		Petrus und seine Begleiter aber waren eingeschlafen,

Obwohl nur bei Lukas die drei Fischer einschliefen.
Weil sie vom ungewohnten Anstieg auf eine solche Höhe benommen und erschöpft waren.

		wurden jedoch wach und sahen Jesus in strahlendem Licht und die zwei Männer, die bei ihm standen.
		Als die beiden sich von ihm trennen wollten,
Und Petrus sagte zu ihm: Herr, es ist gut, daß wir hier sind.	Petrus sagte zu Jesus: Rabbi, es ist gut, daß wir hier sind.	sagte Petrus zu Jesus: Meister, es ist gut, daß wir hier sind.
Wenn du willst, werde ich hier drei Hütten bauen, eine für dich, eine für Mose und eine für Elija.	Wir wollen drei Hütten bauen, eine für dich, eine für Mose und eine für Elija.	Wir wollen drei Hütten bauen, eine für dich, eine für Mose und eine für Elija.

Ein bis drei Fischer wollte/n dem (Sohn eines) Zimmermann(s) eine Hütte bauen?
Und den zwei Erscheinungen vom Himmel auch noch?
Offenbar hatte der arme Petrus einen Höhenkoller.
Wegen der ungewohnten Anstrengung und der dünnen Luft auf dem Gipfel.
Als ob irgendwelche himmlischen Erscheinungen
auf irgendeiner Bergesspitze irgendwelche Hütten bräuchten.

	Er wußte nämlich nicht, was er sagen sollte;	Er wußte aber nicht, was er sagte.
	denn sie waren vor Furcht ganz benommen.	

Wenn Petrus nicht wusste, was er sagen sollte,
dann hätte er besser seinen Mund gehalten, statt dummes Zeug daher zu schwätzen.

Noch während er redete,		Während er noch redete
warf eine leuchtende		
Wolke	Da kam eine Wolke und	kam eine Wolke und
ihren Schatten auf sie,	warf ihren Schatten auf sie,	warf ihren Schatten auf sie.
		Sie gerieten in die Wolke hinein und bekamen Angst.

Aber wieder nur bei Lukas

und aus der Wolke rief eine Stimme:	und aus der Wolke rief eine Stimme:	Da rief eine Stimme aus der Wolke:
Das ist mein	Das ist mein	Das ist mein
geliebter Sohn,	geliebter Sohn;	
		auserwählter Sohn,
an dem ich Gefallen gefunden habe;		

Ob diese Stimme noch andere Söhne hatte? Wozu sonst diese Betonungen?

auf ihn sollt ihr hören.	auf ihn sollt ihr hören.	auf ihn sollt ihr hören.

Etwas anderes hatten die drei Jünger doch auch nicht vorgehabt. Oder?
Schließlich sind diese Fischer ihrem Jesus auf einen Berg gefolgt,
wo es sicher keine Fische gab. Und keine fischbaren Menschen.

Als die Jünger das hörten, bekamen sie große Angst und warfen sich mit dem Gesicht zu Boden.		
Da trat Jesus zu ihnen, faßte sie an und sagte: Steht auf, habt keine Angst!		

Aber nur einmal: bei Matthäus

Und als sie sich umblickten, sahen sie nur noch Jesus.	Als sie dann um sich blickten, sahen sie auf einmal niemand mehr bei sich außer Jesus.	Als aber die Stimme erklang, war Jesus wieder allein.

Und die Kleider Jesu waren vermutlich auch nicht mehr so weiß,
sondern wie zuvor fleckig und schmutzig vom Staub jener Straßen.

Während sie den Berg hinabstiegen, gebot Jesus ihnen: Erzählt niemand von dem, was ihr gesehen habt,	Während sie den Berg hinabstiegen, verbot er ihnen, irgend jemand zu erzählen, was sie gesehen hatten,	
bis der Menschensohn von den Toten auferstanden ist.	bis der Menschensohn von den Toten auferstanden sei.	
	Dieses Wort beschäftigte sie, und sie fragten einander, was das sei: von den Toten auferstehen.	
		Die Jünger schwiegen jedoch über das, was sie gesehen hatte, und erzählten in jenen Tagen niemand davon.

Die Jünger sollten erst mal stille darüber schweigen. Oder schwiegen einfach selbst.

Gott wollte, dass alle Juden (oder Menschen) an Jesus als Gottessohn glauben
Aber nur drei sprachlos verwirrten Männern sagte er das wolkig?
Und die sollten das nicht jetzt, sondern erst viel später erzählen?
Blöder könnte man das mit dem Jesus-Glauben gar nicht machen!
Ein Gott, der das so dumm anstellt, ist irgendwie schon arg unglaublich.

Je mehr man Auserwählten glauben soll, desto unglaubwürdiger ist ihr Gott
Der Gott könnte schließlich besser all das sagen,
was diese Menschen angeblich erzählen sollen.
Dann gäbe es weniger Religionen und damit auch weniger Priester …
Und das Geld, das sie verbrauchen, könnte für Bedürftige verwendet werden.

27

„unseren Herrn"

Herr heißt hier nicht so viel wie Mann, sondern wie Herrscher!

Jesus erhielt viele Bezeichnungen. Herr war auch dabei

Wie eine Wolke oder eine Stimme aus dem Himmel Jesus nannte

	Matthäus	Markus	Lukas	Johannes
mein geliebter Sohn	3,17; 17,5	1,11; 9,7	3,22	
auserwählter Sohn			9,35	
habe ihn verherrlicht				12,28-30

Aber schon sehr undeutlich konnte so eine Stimme aus dem Himmel sein:

Da kam eine Stimme vom Himmel:
Ich habe ihn schon verherrlicht und werde ihn wieder verherrlichen.
Die Menge, die dabeistand und das hörte, sagte: Es hat gedonnert.
Andere sagten: Ein Engel hat zu ihm geredet.

Wie Engel (im Traum) oder Männer in leuchtenden Gewändern ihn bezeichneten

	Matthäus	Markus	Lukas	Johannes
Jesus (von Nazaret)	1,21; 28,5	16,6	1,31	
den Gekreuzigten	28,5	16,6		
Kind v. Heiligen Geist	1,21			
Immanuel	1,23			
Erlöser seines Volkes von seinen Sünden	1,21			
Nazoräer	2,23			
ewiger Herrscher über das Haus Jakob			1,33	
Sohn des Höchsten			1,32-35	
Menschensohn			24,7	

Wieder nichts mit Herr dabei.

Wie Dämonen, Teufel und unreine Geister Jesus nannten

	Matthäus	Markus	Lukas	Johannes
Jesus (von Nazaret)		1,24; 5,7	4,34	
der Heilige Gottes		1,24	4,34	
(Messias)			4,41	
?		1,34		
Sohn **(des himmlischen / höchsten) Gottes**	4,3.6 8,29	3,11 5,7	4,3.9 4,41 8,28	

Teufel, Dämonen oder unreine Geister waren unter den ersten

die Jesus mehr als einen Menschen nannten. –

Sind das wirklich überzeugende Beweise?
Sagen diese ach so bösen Wesen denn immer die Wahrheit?
Darf man denn alles glauben, was solche Wesen von sich geben?
Wenn es solche Wesen geben täteräte?

Wie die nicht an Jesus glaubenden Menschen ihn nannten
Für wen oder was sie ihn gehalten haben.

	Matthäus	Markus	Lukas	Johannes
Sohn Josefs / des Zimmermanns	13,55		4,22	6,42
Zimmermann		6,3		
Sohn (Marias)	13,55	6,3	8,19-20	6,42
der Bruder von Jakobus, Josef, Simon und Judas und von Schwestern	12,46 13,55	6,3-4	8,19-20	7,3-10
mit dem Anführer der Dämonen / mit Beelzebul	9,34 12,24	3,22	11,15	
von Sinnen		3,21		
von unreinem Geist oder Dämon besessen		3,30		7,20 8,48-52 10,20
Fresser und Säufer, Freund der Zöllner und Sünder	9,9-10 11,19	2,14-15	5,29 7,34-38 15,1-2 19,5-7	
(guter) Meister	9,11 12,38 17,24 19,16 22,16.24.36	5,35 10,17-20 12,14.19	7,40; 8,49 10,25; 11,45 12,13 18,18 19,39 20,21.28	8,4
Lehrer	22,16	12,13	20,21	
Herr			6,46 7,19 13,23-25	8,11
Sünder				9,24
Johannes der Täufer	14,2 16,14	6,14-16 8,27-28	9,7.18-19	
Elija, Jeremia, (anderer) Prophet	16,14 21,11	6,15 8,27-28	9,8.18-19 22,64	
König (der Juden)	27,11.29.37	15,2.18.26.32	23,37-38	18,39 19,3.12-16.19

Jesus sei der geköpfte, auferstandene Johannes der Täufer.

Glaubten manche:

Matthäus 14,1-2 – Markus 6,14-16 – Lukas 9,7-8

Offenbar waren in jener Zeit manche nur allzu bereit an Wunder zu glauben.

So unglaublich sie auch sein mochten: wieder und weiter leben ohne Kopf?!

Matthäus 14,3-12 – Markus 6,17-29 – Lukas 9,9

Wie die an Jesus Glaubenden ihn bezeichneten

	Matthäus	Markus	Lukas	Johannes
Sohn Davids / Josefs	1,1; 9,27 12,23; 15,22 20,30; 21,9-15	10,47-48 11,10	3,23-38 18,38-39	1,45
nach mir kommt (vor mir war)	3,11	1,7-8	3,16	1,15.27.30 3,28
(der) (mein) Herr	8,2.6-8.21-25 14,28-30 17,4.15 20,30-31	7,28 16,19-20	5,8.12; 7,6 9,54; 10,40 11,1; 12,41 17,5-6.3 18,41 22,49	4,49; 5,7; 6,68 9,38; 11,3-39 13,6-14.36-37 14,8.22; 20,13. 18.20.25.28 21,7-12.15-21
Meister	8,19	4,38; 9,17 9,38; 10,35 12,32; 13,1	5,5; 8,24; 9,38 9,49; 17,13 20,39; 21,7	1,38; 11,28 13,13-14 20,16
Rabbi, Rabbuni	26,25.49	9,5 10,51 14,45		1,38.49; 3,2 4,31; 6,25; 9,2 11,8; 20,16
Lehrer	7,28	1,22	4,15-31 19,47-20,1 21,37-38	7,14-17
ein / der Prophet	21,11.46		7,16 24,19	4,19; 6,14 7,40; 9,17
König (d. Juden) (von Israel)	2,2		19,38	1,49; 6,15 12,13
der Messias / Christus	2,4 16,16	1,1 8,29	2,26 9,20	1,41; 3,28 7,31.41; 9,22 11,27; 20,31
Sohn (d. lebendigen) Gottes	14,33; 16,16 27,54	1,1 15,39		1,34.49; 3,35-36 11,27; 20,31
Heil aller Völker			2,30	
Herrlichkeit für dein Volk Israel			2,32	
Zeichen dem widersprochen w.			2,34	
Offenbarer von Gedanken			2,35	
(wahres) Licht			2,32	1,9
Das Wort				1,1.14
Lamm Gottes				1,29.36
tauft m. Hl. Geist				1,33
Gott mit ihm				3,2
Bräutigam				3,29
Gott Gesandter				3,34; 9,33
Retter der Welt				4,42
d. Heilige Gottes				6,69
mein Gott				20,28

Viele Namen erhielt Jesus von denen, die an ihn glaubten. Sogar Messias/Christus

„empfangen durch den Heiligen Geist"

Josef stammte von zwei Söhnen Davids und hatte zwei Väter. Trotzdem war er nicht der Vater Jesu

In Josefs zwei Stammbäumen stimmen einige Namen überein: die **fett gedruckten**.
Erst haben die zwei aus der Bibel gut abgeschrieben. Danach hat jeder was erfunden.

Nr.	Matthäus 1,1-16 Stammbaum Jesu Christi, des Sohnes Davids, des Sohnes Abrahams:	Lukas 3,23-34 Man hielt ihn [Jesus] für den Sohn Josefs. Die Vorfahren Josefs waren:	Nr.
1	**Abraham war der Vater von**	**Abraham**	57
2	**Isaak**	**Isaak**	56
3	**Jakob**	**Jakob**	55
4	**Juda war der Vater von**	**Juda**	54
5	**Perez war der Vater von**	**Perez**	53
6	**Hezron**	**Hezron**	52
7	Aram	Arni	51
		Admin	50
8	**Amminadab**	**Amminadab**	49
9	**Nachschon**	**Nachschon**	48
10	**Salmon war der Vater von**	**Salmon**	47
11	**Boas war der Vater von**	**Boas**	46
12	**Obed war der Vater von**	**Obed**	45
13	**Isai der Vater des**	**Isai**	44
14	**Königs David war der Vater von**	**David**	43
15	Salomo war der Vater von	Natan	42
16	Rehabeam	Mattata	41
17	Abija	Menna	40
18	Asa	Melea	39
19	Joschafat	Eljakim	38
20	Joram	Jonam	37
		Josef	36
21	Usija war der Vater von	Juda	35
22	Jotam	Simeon	34
23	Ahas	Levi	33
24	Hiskaija	Mattat	32
25	Manasse	Jorim	31
26	Amos	Elieser	30
27	Joschija war der Vater von	Joschua	29
		Er	28
		Elmadam	27
		Kosam	25
		Addi	25
		Melchi	24

28	Jojachin … das war zur Zeit der Babylonischen Gefangenschaft.	Neri	23
29	**Schealtiël**	**Schealtiel**	22
30	**Serubbabel**	**Serubbabel**	21
		Resa	20
		Johanan	19
		Joda	18
		Josech	17
		Schimi	16
		Mattitja	15
		Mahat	14
		Naggai	13
		Hesli	12
31	Abihud	Nahum	11
32	Eljakim	Amos	10
33	Azor war der Vater von	Mattitja	9
34	Zadok	Josef	8
35	Achim	Jannai	7
36	Eliud	Melchi	6
37	Eleasar	Levi	5
38	Mattan	Mattat	4
39	Jakob war der Vater von	Eli	3
40	**Josef, dem Mann Marias;**	**Josef**	2
41	von ihr wurde **Jesus** geboren, der der Christus (der Messias) genannt wird.	**Jesus** war dreißig Jahre alt … Man hielt ihn für den Sohn Josefs. Die Vorfahren Josefs waren …	1

Viele Männer zeugten Erstgeborene und diese wieder und so weiter
Aber Josef hat Jesus nicht gezeugt.
Josef steht am Ende dieser zwei verschiedenen Väterlisten nur so herum?
Und die zwei langen Listen wurden nur einfach mal so aufgeschrieben?
Schon Josef hatte zwei Väter: Jakob und Eli. Und keine Mutter?
Aber Jesu himmlische Abstammung steht über natürlich felsenfest.

Zwei Evangelisten waren fleißig und erstellten zwei Listen mit Josefs Vorvätern
Der aber nicht der abstammungsmäßige Vater Jesu war, sondern nur Stiefvater?
Matthäus erwähnte immerhin auch die Namen von vier Müttern:
zwei Heidinnen und zwei Sünderinnen.

Lukas kannte auch alle Generationen vor Abraham bis hin zum allerersten Adam.
Der war Gottes Kind, und also Jesus daher Sohn Gottes?

Bis zum Jahr 961 vor Christi lebte David, also fast 1.000 Jahre vor Jesu Geburt
Matthäus (er-)fand dafür nur 27 (statt wie er schrieb zwei mal vierzehn) Väter,
so dass jeder im Durchschnitt rund 35 Jahre alt gewesen war,
bevor er seinen ersten Sohn zeugte.

Selbst die 42 Väter, die bei Lukas aufgelistet werden, ergeben
ein Vaterschaftsalter von durchschnittlich 23 Jahren,
und auch das dürfte noch zu hoch sein:
Die Bar-Mizwa wird schon mit 13 Jahren gefeiert.

Viele hielten Jesus für den Nachkommen Davids. Auch Jesus sich selbst
Er widersprach denen nicht, die ihn anriefen als „Sohn Davids":
Matthäus 9,27; 12,23; 15,22; 20,30-31; 21,9-17
Markus 10,47-52; 11,10
Lukas 18,38-39

Andererseits lehrte Jesus, dass der Messias nicht der Sohn Davids sein kann
Matthäus 22,41-46
Markus 12,35-37
Lukas 20,41-44

Wenn Jesus der Sohn Davids war, kann er nicht der Messias gewesen sein
Nach seinen eigenen Worten darf Jesus dann nicht „Christus" genannt werden.
Denn das ist die Übersetzung des hebräischen „Messias" in das Griechische.

Der größte christliche Apostel, Paulus, schrieb, dass Jesus der Sohn Josef war
Dem Fleisch nach geboren, also von und durch einen Nachkommen Davids.
… das Evangelium von seinem Sohn,
der dem Fleisch nach geboren ist als Nachkomme Davids,
der dem Geist der Heiligkeit nach eingesetzt ist als Sohn Gottes in Macht
seit der Auferstehung von den Toten,
Brief an die Römer 1,3
Sie sind Israeliten … sie haben die Väter,
und dem Fleisch nach entstammt ihnen der Christus, der über allem als Gott steht …
Brief an die Römer 9,5
… von seinem Sohn, der dem Fleisch nach geboren ist als Nachkomme Davids, ´
der dem Geist der Heiligkeit nach eingesetzt ist als Sohn Gottes in Macht
seit der Auferstehung von den Toten …
Brief an die Römer 10,3-4
Denk daran, daß Jesus Christus, der Nachkomme Davids,
von den Toten auferstanden ist;
Zweiter Brief an Timotheus 2,8
Glaubt man Paulus, dann war Jesus ein Nachkomme Davids,
so wie sein Vater Josef einer war: nach der Abstammung, durch die Vaterschaft Josefs.

Jesus war nicht der einzige Sohn dieses Gottes
Er soll mein Sohn sein, und ich will sein Vater sein.
Ich will sein Vater sein, und er soll mein Sohn sein.
1. Buch der Chronik 22,10 und 17,13
Sagte Gott. Zu König David. Über Salomo
Und was verkündete der Engel: Jesus wird *genannt* werden, nicht sein:
Sohn des Höchsten, Sohn Gottes.

Wurde auch Jesus von Gott als Sohn adoptiert? Bei seiner Taufe?
War Jesus der genetische Klon Gottes? – Bei Paulus noch nicht
Erst im Jahr 325 nach Christi Geburt wurde genau das
kirchenamtlich einwandfrei und rechtsgültig fest ~~gesetzt~~ gestellt.

Vom jüdischen „Gott ihrer Väter" zum christlichen „Gott als Vater"
Vom allmächtigen Gott, dem Welten-Schöpfer,
zum selbst-quälerischen Gott, dem Sohnes-Töter.

Ein Engel des Herrn vor der Trennung in Josefs Traum –
Oder der Engel Gabriel trat als Gesandter in Marias Raum

Was diese Evangelisten wissen! Was sie so ganz genau wissen!
Zwei völlig verschiedene Geschichten. Wer könnte sie den Schreibern erzählt haben?

Matthäus 1,18-20	Lukas 1,26-28
	… wurde der Engel Gabriel von Gott … gesandt.

Woher wusste Lukas, was Gott im Himmel angeordnet hatte?

| | … in eine Stadt in Galiläa namens Nazaret zu einer Jungfrau gesandt. |

Und dass es Gabriel war und nicht irgendein anderer himmlischer Engel?
Der Besucher hatte Maria nichts von seiner Gottgesandtheit erzählt
und sich nicht namentlich vorgestellt.

| … war mit Josef verlobt; | Sie war mit einem Mann namens Josef verlobt, der aus dem Haus David stammte. |
| Maria, seine Mutter, … | Der Name der Jungfrau war Maria. |

Lukas war die Verlobung mit dem Haus David wichtiger als der Name Maria.

| | Der Engel trat bei ihr ein … |

Zu Fuß? Durch die geöffnete Tür oder durch die geschlossene? Als Engel ….
Ist er nicht durch das Fenster herein geflogen, wie ein Engel das könnte?

| noch bevor sie zusammengekommen waren, | … der Jungfrau … |
| zeigte sich, daß sie ein Kind erwartete – durch das Wirken des Heiligen Geistes. | |

Woher wusste Matthäus, dass die Schwangerschaft vom Heiligen Geist gewirkt war?
Von Maria? Aber Josef glaubte seiner Verlobten ihre Engels-Geschichte nicht:

| Josef, ihr Mann, der gerecht war und sie nicht bloßstellen wollte, | |

Die Schwangerschaft vom Heiligen Geist wäre doch keine Bloßstellung!

| beschloß, | |

Woher wusste Matthäus, was Josef bei sich allein beschlossen hatte?

| sich in aller Stille von ihr zu trennen. | |

Seine Verlobte mit dem Kind des Heiligen Geistes sitzen lassen?! Das hätte Josef nie
gedacht oder gewagt, wenn er Marias Geschichte vom Heiligen Geist geglaubt hätte.
Aber trotzdem sollen alle Schafe diese Geschichte der Maria glauben?

| Während er noch darüber nachdachte, | |

Woher wusste Matthäus, worüber Josef noch nachdachte?
Kannte Matthäus den Josef wirklich so gut? Als ob er dabei gewesen wäre?

| erschien ihm ein Engel des Herrn im Traum … | |

Josef glaubte Marias Geschichte nicht. – Aber ist Josefs Traum glaubwürdiger?
Jeder dieser zwei Evangelisten erzählt eine Geschichte, und kennt nur diese.
So wie jeder Märchenerzähler seine Figuren in- und auswendig kennt:
weil er auf Wirklichkeit und Logik keine Rücksicht nehmen muss.

Marias bestehende Schwangerschaft vom Heiligen Geist – Oder ihre bevorstehende Schwängerung unter Geist und Kraft

Maria war nicht nur sauber, sondern rein: die unbefleckte Empfängnis

Zwei Evangelien erzählen darüber ganz verschiedene Geschichtchen.

Matthäus 1,20-21	Lukas 1,28.30-31.35.37
	Der Engel trat bei ihr ein und sagte:
… erschien ihm ein Engel des Herrn im Traum und sagte:	
	Sei gegrüßt, du Begnadete, der Herr ist mit dir.
	Sie erschrak über die Anrede und überlegte, was dieser Gruß zu bedeuten habe.

Als ob Lukas damals dabei gewesen wäre und in ihr Gehirn sehen konnte.
Oder als ob das alles schön erfunden wäre …

	Fürchte dich nicht, Maria;
Josef, Sohn Davids, fürchte dich nicht,	

Ein Engel löste Furcht aus. Oder löste Furcht den Wunsch nach einem Engel aus?

	denn du hast bei Gott Gnade gefunden.
Maria als deine Frau zu dir zu nehmen;	
	Du wirst ein Kind empfangen,
denn das Kind, das sie erwartet …	
Sie wird einen Sohn gebären;	einen Sohn wirst du gebären,
	dem sollst du den Namen Jesus geben …
… ist vom Heiligen Geist.	Der Heilige Geist wird über dich kommen,
	und die Kraft des Höchsten wird dich überschatten.

Der Heilige Geist er-zeugte diesen, seinen Sohn. Nicht Gottes Sohn?
Heiliger Geist überkam und höchste Kraft überschattete Maria. Nicht Gott selbst?
Marias Schwangerschaft stammte nicht von Gott Vater?
Aber Jesus hat später zu seinem Vatergott gebetet! Der gar nicht sein Vater war?

	Denn für Gott ist nichts unmöglich.

Aber für Gott war es unmöglich, seinen Sohn selbst zu machen

Er brauchte dazu eine Frau! Weil er selbst, der Schöpfer, dazu zu erschöpft war?
Gott, der durch seine Worte die ganze Welt aus Nichts erschaffen hatte,
der den Menschen aus Boden und Odem machte, und den zweiten aus einer Rippe –
der brauchte unbedingt leihweise die Gebärmutter einer jungen Frau,
um darin ganz natürlich seinen Sohn wachsen zu lassen?

Dieser angeblich allmächtige Gott oder Heilige Geist hat ganz schön nachgelassen

Oder wollte/n er/sie nur keine Windeln wechseln? Und nachts durchschlafen?

Dieser Gott-Vater: ein Kuckucks-Vater wie der griechische Gottvater Zeus

Der konnte aber erheblich mehr als *eine* Jungfrau schwängern …
Der konnte eine Tochter aus seinem Kopf wachsen lassen …

Die anderen zwei Evangelisten wussten von Marias Schwängerung: nichts

Um eine erfüllte Prophezeiung noch einmal nicht zu erfüllen
– Oder mit einigen neuen, falschen Vorhersagen

Matthäus 1,21-24	Lukas 1,31-33.35
Sie wird einen Sohn gebären; ihm sollst du den Namen Jesus geben;	… einen Sohn wirst du gebären: dem sollst du den Namen Jesus geben.

Welch ein Wunder: die Evangelien stimmen beim Namen „Jesus" überein

Wenn Maria und Josef ihn aber anders genannt hätten?

Wäre er dann nicht gekreuzigt worden?

	Er wird groß sein und Sohn des Höchsten genannt werden.

So wurde Jesus dann von Teufel und Dämonen genannt.

denn er wird sein Volk von seinen Sünden erlösen.	

Christus hat aber nicht sein Volk, sondern Andersgläubige von Sünden erlöst.

	Gott, der Herr, wird ihm den Thron seines Vaters David geben.

Aber Jesus hat den Thron Davids nicht erhalten.

Und David war auch nicht Jesu Vater oder Vorfahre, sondern nur der Josefs.

	Er wird über das Haus Jakob in Ewigkeit herrschen; und seine Herrschaft wird kein Ende haben. …

Jesus hat nicht über das Haus Jakob geherrscht, nicht ewig und nicht ohne Ende.

	Deshalb wird auch das Kind heilig und Sohn Gottes genannt werden.

Nirgendwo steht, dass Jesus als Kind heilig genannt wurde.

Und Jesus würde Sohn Gottes nur *genannt* werden;

aber er würde nicht Sohn Gottes *sein*?

Dies alles ist geschehen, damit sich erfüllte, was der Herr durch den Propheten gesagt hat: *Seht, die Jungfrau wird ein Kind empfangen, / einen Sohn wird sie gebären, /*	

Diese Prophezeiung (Jesaja 7,14) war aber schon erfüllt: Jesaja 7,15-17 und 8,3-4.

und man wird ihm den Namen Immanuel geben, / das heißt übersetzt: Gott ist mit uns.	

Jesus hat zwar viele Namen erhalten, den Namen Immanuel aber nicht.

Wie viel Falsches in diesen zwei kurzen Texten geschrieben wurde!

Wer hat diese Verkündigungen im Traum oder im Raum mit stenographiert?

Und die vielen Worte von Maria und Elisabet?

Und sie Jahrzehnte später dem Evangelisten Lukas übergeben? Und nur ihm …

Als Josef erwachte, tat er, was der Engel des Herrn ihm befohlen hatte, und nahm seine Frau zu sich.	

So musste der Sohn Gottes nicht vaterlos aufwachsen, als Halbwaise

„geboren von der Jungfrau Maria"

Die schöne Weihnachtsgeschichte über die Geburt Jesu?
Zwei sich widersprechende Geschicht*chen* der Evangelisten!
Im Anfang war das Wort? – Am Anfang stehen widersprüchliche Worte.
Jesus versprach *seinen* Zuhörern das *baldige* Kommen des Himmelreichs Gottes
Dafür haben „seine"
Schriften einen Fachausdruck: Parusie,
Theologen eine Lehre: Eschatologie,
Hirten einen Ersatz: Advent.
Obwohl jener Jesus Rituale und Zeremonien nie geboten hat. Ganz im Gegenteil …

Der Gott der Juden hat nie einen eigenen Sohn angekündigt
Aber dennoch hat er dann einen Sohn in die Welt geschwängert,
genau wie Gottvater Zeus das bei attraktiven Jungfrauen machte?
Könnte dann auch dieser Sohn irgendwann auf den Geschmack kommen,
und für jeden Christen völlig unerwartet Gottes Enkelin er-zeugen?
Das Hemd, das Maria bei der Geburt anhatte, und Jesu Windeln
Die waren im Dom zu Aachen zu ~~schwindeln~~ finden.

Der Geburtstag Jesu ist nicht bekannt

Die Planeten Jupiter und Saturn kamen sich, von der Erde aus beobachtet,
im Jahr 7 vor unserer Zeitrechnung im Sternbild Fische dreimal nahe. –
Das beweist natürlich überhaupt nichts,
außer man glaubt an Astrologie und Horoskope.
Dann konnte das etwas bedeuten, dann konnte man da etwas hineindeuten.
Dass ein Gott seinen Sohn zu diesem Zeitpunkt auf die Welt bringen muss.
Nicht früher und nicht später: Gott war da nicht frei in seiner Entscheidung.

Der unbekannte Geburtstag Jesu wurde gut ausgewählt: der 25. Dezember
Aus Anlass der Wintersonnenwende, des kürzesten Tags des Jahres am 21. oder 22.,
gab es schon das Fest des römischen Sonnengottes *Sol Invictus*
und den Feiertag des persischen *Mithras*
und bei den Germanen das *Jul-Fest*.
So konnte man die Gläubigen dieser Religionen leichter zum Christentum abwerben:
sie durften weiter und länger feiern, aber bitte christlich!
Weihnachten, geweihte Nächte, *wihen Nahten*, gab es schon lange vor Christus
Der Zauber flackernder, wärmender Kerzen in kalter, längster Nacht ist so ewig
wie die gemeinschaftliche Freude über die nun endlich wieder länger werdenden Tage.
Es braucht dafür keine Priester oder Religionen
oder angeblich übernatürliche Lügen-Geschichtchen.

Jesu Geburtsjahr: mindestens vier Jahre vor Christi Geburt – Oder sechs Jahre danach

Die Zeitangaben für das Leben Jesu sind unsicher
Nicht einmal das Geburts- und Todesjahr lassen sich mit Sicherheit festlegen.
Die Bibel nach der Übersetzung Martin Luthers
Anhang VI. Neutestamentliche Zeit

Wenn man der Heiligen Schrift glaubt, ist immerhin das eine sicher:
Jesus wurde zweimal geboren, mit mindestens zehn Jahren Abstand:

Als Jesus zur Zeit des Königs Herodes in Betlehem in Judäa geboren worden
war, kamen Sterndeuter aus dem Osten nach Jerusalem und fragten …
Matthäus 2,1

Zur Zeit des Herodes, des Königs von Judäa,
lebte ein Priester namens Zacharias, der zur Priesterklasse Abija gehörte.
Lukas 1,5

Jahr 4 v. Chr.: Tod des Herodes und Verteilung seines Reiches …
Einheitsübersetzung der Heiligen Schrift
Anhang IX. Zeittafel zur biblischen Geschichte

Also: Jesus wurde *mindestens vier Jahre* vor Christi Geburt geboren!

In jenen Tagen erließ Kaiser Augustus den Befehl,
alle Bewohner des Reiches in Steuerlisten einzutragen.
Dies geschah zum erstenmal;
damals war Quirinius Statthalter von Syrien.
Lukas 2,2

Jahr 6 n. Chr.: … Volkszählung, Zensus des Quirinius
Einheitsübersetzung der Heiligen Schrift
Anhang IX. Zeittafel zur biblischen Geschichte

Also: Jesus wurde *mindestens sechs Jahre* nach Christi Geburt geboren!

Und beide Evangelien sind wahr!
Das muss man den Verkündern dieser Heiligen Schriften glauben.
Wozu wären sie sonst heilig?
Etwa wegen Irrtümer der Schreiber und Abschreiber?
Oder wegen des Eigennutzes der Priester und ihrer Diener?

Also: Jesus wurde zweimal geboren!
Welch ein großes, aber fast unbekanntes Wunder!

Das Jahr 2000 nach Christi Geburt war weder das 2000. noch das 1999. A. D.
Anno Domini, Jahr des Herrn,
sondern ein weiteres Jahr der falschen christlichen Zeitrechnung.
Rechnen mit christlichen Hirten? – Mit Christus sollte man besser nicht rechnen
Unsere Zahlensymbole sind arabisch-indisch.
Religion: Eins, Mathematik: Sechs.

Geburtsort Betlehem: wegen eines falschen Prophetenworts. Bei Matthäus

Und wo kam Jesus zur Welt? In welchem Ort?

Matthäus 2,4-6	Lukas 2
Er [König Herodes] ließ alle Hohenpriester und Schriftgelehrten des Volkes zusammenkommen,	

Alle Hohenpriester! – Obwohl es nur einen gab?
Alle Schriftgelehrten! – Keine einziger fehlte wegen Krankheit oder sonstiger Gründe?
Und die drei anderen Evangelisten haben von dieser Großaktion nichts mitgekriegt.
Oder wollten das nicht aufschreiben.

und erkundigte sich bei ihnen, wo der Messias geboren werden solle.	

Offenbar war das nicht allgemein bekannt.
Obwohl viele Juden auf den Messias warteten?

Sie antworteten ihm:	
In Betlehem in Judäa; denn so steht es bei dem Propheten:	
Du, Betlehem	
im Gebiet von Juda, / bist keineswegs	
die unbedeutendste / unter den führenden Städten von Juda; / denn aus dir wird ein Fürst hervorgehen, / der Hirt meines Volkes Israel.	

Beim Propheten steht das etwas anders geschrieben:
Und du, Betlehem Efrata,
die du klein bist unter den Städten in Juda,
aus dir soll mir der kommen, der in Israel Herr sei,
dessen Ausgang von Anfang und von Ewigkeit her gewesen ist.
Micha 5,1 usw.

Matthäus hat die Worte des Propheten falsch wiedergegeben
So genau nahm er diese Worte nicht.
Jesus wurde trotzdem kein Fürst und kein Hirt des Volkes Israel. Im Gegenteil
viele an Jesus Glaubende haben viele aus dem Volk Israel gequält und getötet.

Konnte Gott den Messias nur in Betlehem zur Welt kommen lassen?
Was wäre so schlimm gewesen an irgendeinem anderen Geburtsort?
Wäre Jesus sonst nicht Messias also Christus geworden?
Wenn er in Nazaret oder in Kafarnaum geboren worden wäre?
Hätte Jesus dann die Menschheit nicht von irgendetwas erlösen können?
Oder wie? Oder was?

Sie wohnten in Betlehem – Oder Josef musste dahin ziehen

Matthäus 2,1	Lukas 2,1-4
	In jenen Tagen erließ Kaiser Augustus den Befehl, alle Bewohner des Reiches in Steuerlisten einzutragen. Dies geschah zum erstenmal; damals war Quirinius Statthalter von Syrien.
Aber Historiker sagen, dass es in jenen Tagen keinen reichsweiten Befehl gab.	
	Da ging jeder in seine Stadt, um sich eintragen zu lassen.
Und wenn die Römer Steuerlisten anlegten, dann für jeden an seinem Wohnort. Niemand musste dafür an seinen Geburtsort gehen.	
	So zog auch Josef von der Stadt Nazareth in Galiläa hinauf nach Judäa
Als Jesus zur Zeit des Königs Herodes in Betlehem in Judäa geboren worden war …	in die Stadt Davids, die Bethlehem heißt;
	denn er war aus dem Haus und Geschlecht Davids.

Und niemand musste dorthin ziehen, wo irgendeiner seiner vielen vielen vielen
Vorfahren vor 42 oder 26 Generationen gelebt hatte.
An der Abstammung hatten die Steuerbeamten absolut kein Interesse.
Und einer Volkswanderung erst recht nicht.

Jesus sagte nichts von diesem, seinem Geburtsort und dieser, seiner Abstammung
Als einige aus dem Volk beides forderten:
Sagt nicht die Schrift: Der Messias kommt aus dem Geschlecht Davids
und aus dem Dorf Betlehem, wo David lebte?
Johannes 7,42

Woher stammte Maria?

Matthäus	Lukas 2,5 und 1,38-40.56
	Er wollte sich eintragen lassen mit Maria, seiner Verlobten, die ein Kind erwartete.
Hätte Maria nicht auch in ihren Heimatort ziehen müssen? – Und wo wohnte sie?	
	Danach verließ sie der Engel. Nach einigen Tagen machte sich Maria auf den Weg und eilte in eine Stadt im Bergland von Judäa. Sie ging in das Haus des Zacharias und begrüßte Elisabet.
	… dann kehrte sie nach Hause zurück.

Nach Engel Gabriels Verkündigung besuchte Maria alleine ihre Verwandte Elisabet.
Sie wohnte also nicht weit weg Grenzen überschreitend in Nazaret in Galiläa,
über 100 Kilometer entfernt, sondern irgendwo deutlich näher.
Und warum musste kein anderer herum ziehen? Niemand sonst?
Nicht Marias Verwandte Elisabet, ihr Mann Zacharias, ihr Kind Johannes?
Nicht die Hirten auf dem Feld? Nicht Simeon und Hanna im Tempel in Jerusalem?
Und auch sonst niemand von Davids Nachkommenschaft?

Das Kind und Maria, seine Mutter, waren in einem Haus – Oder für Maria und ihren Sohn war in der Herberge kein Platz

Matthäus 2,11	Lukas 2,6-7
	Als sie dort waren, kam für Maria die Zeit ihrer Niederkunft, und sie gebar ihren Sohn,

War das nur ihr Sohn? Nur Marias Sohn? Kein Kind des Heiligen Geistes mehr?
Oder hat niemand der Maria das geglaubt, der sie selbst persönlich kannte?

	den Erstgeborenen.

Den ersten. Dem weitere folgten ...

	Sie wickelte ihn in Windeln und legte ihn in eine Krippe,

Eine Krippe: ein Futtertrog in einem Stall
Als ob das Vieh im Winter nicht in seinem Stall gewesen wäre.
Als ob es dann seine Krippe nicht selbst zum Fressen gebraucht hätte.

	weil in der Herberge kein Platz für sie war.

Wenn Josef in Betlehem geboren worden wäre ...
Dann hätte er nicht in einer Herberge übernachtet,
sondern wäre bei seiner Verwandtschaft untergekommen:
es ist unwahrscheinlich, dass alle Angehörigen einer Familie wegziehen.
Dann hätte jemand für die gebärende Frau irgendwie ein Bett oder Lager frei geräumt:
die orientalische Gastfreundschaft ist weithin bekannt.

Wenn Steuerschätzung der Römer und Abstimmung von David wahr wären
Dann wäre Josef dort nicht völlig ohne Verwandtschaft gewesen:
dann hätten doch auch alle anderen Nachkommen Davids dorthin ziehen müssen.

Sie [die Sterndeuter] gingen in das Haus und sahen das Kind und Maria, seine Mutter;	

Ein Haus: offenbar ein ganz normales
Offenbar das Wohnhaus Josefs und Marias in Betlehem.
Wo sie nicht wegen einer Steuerschätzung hingezogen waren,
sondern schon vorher lebten.
Und Josef, der Zimmermann, war gerade unterwegs:
irgendwo auf einem Bau, bei seiner Arbeit.

da fielen sie nieder ...	

In einem Stall mit Mist und Gülle wären die Sterndeuter nicht niedergefallen.
Mit ihrem Gold hätten sie sofort einen Platz in der Herberge freigekauft.

Jesus wurde nicht in einer Höhle in der Landschaft, sondern in Betlehem geboren
In der Stadt Davids: *Lukas 2,4* und *11*.
In dem Dorf, wo David lebte: *Johannes 7,42*.

Eine himmlische Geburtsanzeige durch einen, seinen Stern – Oder durch die Stimme vom Engel des Herrn

Irgendein Zeichen am oder vom Himmel jedenfalls. Das steht fest.
Das wurde so geschrieben. Sogar zweimal. Sogar zwei ganz verschiedene Male!

Matthäus 2,1-2	Lukas 2,8-11
Als Jesus zur Zeit des Königs Herodes in Betlehem in Judäa geboren worden war,	
kamen Sterndeuter aus dem Osten nach Jerusalem ...	

„Die Heiligen Drei Könige"

Caspar, Melchior, Balthasar? – Jüngling, Mann, Greis? – Asiat, Afrikaner, Europäer?
Heilig gesprochen wurden sie bisher nicht..
Von drei steht dort nichts.
Und von Königen erst recht nicht!

	In jener Gegend lagerten Hirten auf freiem Feld und hielten Nachtwache bei ihrer Herde.

Mehrere Hirten, aber nur ihre eine, einzige Herde?
Schon seltsame Hütemethoden in dieser Schrift.

	Da trat der Engel des Herrn zu ihnen,

Zu Fuß? Wie jeder normale Mensch?
Ist der Engel wirklich getreten? Nicht geflogen? Hatte er denn keine Flügel?

Wir haben seinen Stern aufgehen sehen	
	und der Glanz des Herrn umstrahlte sie.

Die Hirten.
Aber nicht den Engel des Herrn.

	Sie fürchteten sich sehr, der Engel aber sagte zu ihnen:
	Fürchtet euch nicht, denn ich verkünde euch eine große Freude, die dem ganzen Volk zuteil werden soll:

Eine große Freude für das ganze Volk der Juden?
Die aber nur ganz wenigen Hirten verkündet wurde?
Schon sehr seltsame Mitteilungswege dieses Gottes.

	Heute ist euch in der Stadt Davids der Retter geboren; ...

Und die ungebildeten Hirten wussten gleich ganz genau,
welche Stadt damit gemeint war.
Ganz ohne alle Hohenpriester und Schriftgelehrten,
die Herodes befragen musste, weil er, der König, das nicht wusste?

Zwei völlig verschiedene Geburtsanzeigen
Aber beide so blöde, dass nur ganz wenige Menschen sie sehen konnten

Der neugeborene König der Juden und seine Schrecken – Oder ihr heute geborener Retter; der Messias, der Herr

Matthäus 2,2-3	Lukas 2,8-11
	Heute ist euch … der Retter geboren; er ist der Messias, der Herr.
… und fragten: Wo ist der neugeborene König der Juden?	

Der Retter der Hirten? Der Messias der Juden? Der Herr des Himmels?
Der neugeborene König der Juden?

Falsch war alles das!

Engel lügen nicht! – Denn es gibt keine.
Die Sterne lügen nicht! – Das machen Menschen.
Musste Gott diese Sternenkonstellation abwarten?
Konnte der König der Juden zu keinem anderen Zeitpunkt geboren werden?
Auch wenn Jesus dann doch nicht zum König der Juden wurde?

Wir haben seinen Stern aufgehen sehen und sind gekommen, um ihm zu huldigen.	

Was Sterndeuter halt so machen: Erst sehen und fragen, dann kommen und huldigen.

Als Herodes das hörte, erschrak er	

Schon seit dem Jahr 37 vor Christi Geburt herrschte dieser Herodes der Große.
Und jetzt bekam er Angst? Vor einem Baby? Nach über 30 Jahren Herrschaft?

und mit ihm ganz Jerusalem. …	

Ganz Jerusalem hatte sicher nicht hören können, was drei Sterndeuter gesagt hatten.
Und warum sollten alle Bewohner Jerusalems vor einem Baby-König erschrecken?

Matthäus 2,7-8	Lukas
Danach rief Herodes die Sterndeuter heimlich zu sich	

Obwohl das heimlich geschah, hat Matthäus es nach Jahrzehnten herausgefunden.

und ließ sich von ihnen genau sagen, wann der Stern erschienen war.	

Matthäus hörte auch, was die drei Sterndeutern heimlich dem Herodes gesagt hatten.
Und er hörte auch, was Herodes den drei Sterndeutern heimlich sagte:

Dann schickte er sie nach Betlehem und sagte: Geht und forsch sorgfältig nach, wo das Kind ist; und	

Wenn Herodes wirklich Angst vor dem neugeborenen Messias gehabt hätte,
dann hätte eine Eskorte mitgeschickt oder Spione hinterher.
Wenn Hohepriester oder Schriftgelehrten wirklich an den Fürst Israels geglaubt hätten,
dann wären zumindest einige mit nach Bethlehem gegangen.

wenn ihr es gefunden habt, berichtet mir, damit auch ich hingehe und ihm huldige.	

Als ob die Sterndeuter so wenig von Politik verstanden hätten,
dass sie Herodes Machtwillen nicht gespürt hätten!

Statt einer Adresse: Der Stern zog voraus und blieb stehen – Oder ein Kind in Windeln in einer Krippe liegend

Matthäus 2,9-10	Lukas 2,12-15
Nach diesen Worten des Königs machten sie sich auf den Weg.	
Und der Stern, den sie hatten aufgehen sehen, zog vor ihnen her	Und das soll euch als Zeichen dienen:

Dieser Stern war nur ihnen aufgegangen, er zog jetzt auch nur vor ihnen her.
Obwohl sie nun wussten, dass sie nach Bethlehem mussten.

bis zu dem Ort, wo das Kind war, dort blieb er stehen.	

Nicht nur Geburtsanzeige, sondern auch GPS und Straßenschild und Hausnummer!?
Aber ein Stern kann nicht an einem Ort stehen bleiben.

Leicht zu überprüfen: Irgendeinen Stern aussuchen und ihm nachgehen
Dann geht Ihnen zwar kein Stern, aber vielleicht ein Licht auf.

	Ihr werdet ein Kind finden, das, in Windeln gewickelt, in einer Krippe liegt.

Etwas genauer hätte der Engel schon sein dürfen: in welcher Straße die Krippe steht.
Dass ein Kind in Windeln ist und liegt statt zu stehen – das ist nicht genau genug.

	Und plötzlich war bei dem Engel ein großes himmlisches Heer, das Gott lobte und sprach:

Ein großes Heer hatten christliche Herrscher von Gottes Gnaden später auch gerne.
Wenn sogar ihr allmächtiger und lieber Gott sich eines leistet,
dann muss ein großes Heer doch eine gute Sache sein!

	Verherrlicht ist Gott in der Höhe, / und auf Erden ist Friede / bei den Menschen seiner Gnade.

In der Einheitsübersetzung der Kirchen heißt es hierzu in einer Fußnote:
Wörtlich: Herrlichkeit Gott in der Höhe und auf Erden; Friede bei den Menschen des
Wohlgefallens. – Die ökumenische liturgische Fassung lautet:
Ehre sei Gott in der Höhe und Friede auf Erden den Menschen seiner Gnade.

Das ist doch wirklich wunderbar!
Wie Theologen hier und heute so viel besser wissen, was damals gesagt worden war!
Diese vom heiligen Geiz inspirierten Vormunde Gottes und seines Engels!

Als sie den Stern sahen, wurden sie von sehr großer Freude erfüllt.	Als die Engel sie verlassen hatten … sagten die Hirten zueinander:
	Kommt, wir gehen nach Betlehem, um das Ereignis zu sehen, das uns der Herr verkünden ließ.

Matthäus ist offenbar bei den Sterndeutern mitgereist.
Sonst hätte er das doch nicht wissen können.

Und Lukas war offenbar bei den Hirten auf dem Feld dabei.
Die Hirten ließen ihre Herde nachts auf freiem Feld zurück?
Weil sie das Ereignis sehen wollten? Oder weil sie der Verkündigung nicht glaubten?

Niederfallen und Huldigung der Sterndeuter, ihre drei Schätze
– Oder die Erzählung der Hirten und das Staunen aller

Matthäus 2,11-12	Lukas 2,16-20
Sie gingen in das Haus	So eilten sie hin
und sahen das Kind und Maria, seine Mutter;	und fanden Maria und Josef und das Kind, das in der Krippe lag.

Josef war nicht da? Obwohl das in der Nacht geschah?
Denn nur nachts kann man Sterne sehen.

da fielen sie nieder und huldigten ihm.	

Was Sterndeuter halt so tun und treiben. – Die Hirten machten etwas anderes:

Dann holten sie ihre Schätze hervor und brachten ihm Gold, Weihrauch und Myrrhe als Gaben dar.	
	Als sie es sahen, erzählten sie, was ihnen über dieses Kind gesagt worden war.

Von diesen Schätzen weiß Matthäus später nichts mehr.

Von dieser Erzählung schreibt Lukas später nichts mehr.

	Und alle, die es hörten,

Und alle, die es hörten? Maria und Josef, und wer war noch im Stall?
Ochs und Esel? Diese Sinnbilder für Kraft und Dummheit.
Die Wirtsleute in der Herberge hätten sicher Platz gemacht für so ein Kind:
den Retter, den Messias, den Herrn! Was für eine Ehre! Welche Werbung!

	staunten über die Worte der Hirten.

Alle staunten? Hatte auch Maria vergessen, was der Engel Gabriel ihr verkündet hatte?

	Maria aber bewahrte alles, was geschehen war, in ihrem Herzen und dachte darüber nach.

Als Jesus erwachsen war, hatte sie es dann doch vergessen: sie sagte nie etwas davon.

	Die Hirten kehrten zurück, rühmten Gott und priesen ihn für das, was sie gehört und gesehen hatten; denn alles war so gewesen, wie es ihnen gesagt worden war.

Wie wusste Lukas, was diese Hirten nach ihrer Rückkehr gesagt hatten?

Weil ihnen aber im Traum geboten wurde, nicht zu Herodes zurückzukehren,	

Wunderbar, wie Matthäus dieses Geträumte erfahren hat.
Noch wunderbarer, wie viele Träume nur Matthäus gefunden hat. Oder erfunden hat.

zogen sie auf einem anderen Weg heim in ihr Land.	

Obwohl für diese drei plus drei leicht eine weit bessere Reiseplanung möglich war:

Fliehen nach Ägypten – Oder Bringen nach Jerusalem

Matthäus 2,13-15	Lukas 2,21-23
Als die Sterndeuter wieder gegangen waren, erschien dem Josef im Traum ein Engel des Herrn und sagte:	
Steh auf, nimm das Kind und seine Mutter und flieh nach Ägypten; dort bleibe, bis ich dir etwas anderes auftrage; denn Herodes wird das Kind suchen, um es zu töten.	

Wieder weiß Matthäus einen Traum, wieder muss ein Engel des Herrn was sagen.
Seltsam, dass der allmächtige Gott seinen Sohn nicht selbst vor Herodes retten konnte.
Oder die Heilige Familie zu ihrer Sicherheit mit den reichen Sterndeuter gereist wäre.

	Als acht Tage vorüber waren und das Kind beschnitten werden sollte, gab man ihm den Namen Jesus, den der Engel genannt hatte …
	Dann kam für sie der Tag der vom Gesetz des Mose vorgeschriebenen Reinigung.

Levitikus 12 Gesetz für die Wöchnerinnen
7 + 33 Tage nach Entbindung musste die Frau gereinigt werden.
(Hätte Maria ein Mädchen geboren, dann wäre sie 14 + 66 Tage unrein gewesen.)
Um diese verschmutzte Frau für den weiteren Beischlaf richtig zu säubern.
Auch als der Heilige Geist diese unbefleckte Jungfrau Maria geschwängert hatte?

Da stand Josef in der Nacht auf und floh mit dem Kind und dessen Mutter	
	Sie brachten das Kind
nach Ägypten.	
	nach Jerusalem hinauf, um es dem Herrn zu weihen, gemäß dem Gesetz des Herrn …

Ganz weit weg von Herodes, der in Jerusalem war: *Matthäus 2,1-3*
Ganz nah hin nach Jerusalem hinein, wo Herodes herrschte: *Lukas 1,5*
In derselben Nacht: eine weite Flucht – Nach 40 Tagen: Reise nach Jerusalem
Als politisch Verfolgte: Asyl in Ägypten – Als treue Juden: Opferung im Tempel:
Numeri 18,15-16

Dort blieb er bis zum Tod des Herodes. Denn es sollte sich erfüllen, was der Herr durch den Propheten gesagt hat: *Aus Ägypten habe ich meinen Sohn gerufen.*	

Matthäus hätte in dieser Heiligen Schrift mal nachlesen sollen.
Dort, beim Propheten, steht etwas anderes:
Als Israel jung war, hatte ich ihn lieb und rief ihn, meinen Sohn, aus Ägypten; aber …
Hosea 11,1-2
Das ganze Volk Israel war damit gemeint gewesen.

Töten aller Knaben in Betlehem und der ganzen Umgebung – Oder Opfern zweier Tauben in Jerusalem im Tempel

Matthäus 2,16-18	Lukas 2,24
Als Herodes merkte, daß ihn die Sterndeuter getäuscht hatten, wurde er sehr zornig,	
und er ließ in Betlehem und der ganzen Umgebung alle Knaben bis zum Alter von zwei Jahren töten,	
genau der Zeit entsprechend, die er von den Sterndeutern erfahren hatte.	

Weder der Engel noch Josef warnten die anderen Eltern?
Hatte Herodes wirklich zwei Jahre lang auf die Rückkehr der Sterndeuter gewartet?

Herodes hatte Angehörige der eigenen Familie töten lassen, sagen Historiker
Von so einem Blutbad wie Matthäus das schreibt, ist ihnen nichts bekannt.

Ausländische Sterndeuter konnten dieses Kind finden
Dann hätten ortskundige Soldaten und Diener des Herrscher es erst recht gefunden.
Besonders da es zuvor von exotischen Leuten mit Schätzen besucht worden war.
Ein Massenmord war völlig unnötig!

Jesus sollte doch erst Jahrzehnte später am Kreuz qualvoll umgebracht werden!

Damals erfüllte sich, was durch den Propheten Jeremia gesagt worden ist:	
Ein Geschrei war in Rama zu hören, lautes Weinen und Klagen: Rahel weinte um ihre Kinder und wollte sich nicht trösten lassen, denn sie waren dahin.	

Nicht-Gott-sei-Dank ist der Betlehemitsche Kindermord nur erfunden
Ziemlich dumm erfunden und blöd gelogen:
Eine angebliche Prophezeiung, die schon *vorher* erfüllt worden *war*:
Jeremia 31,15
In Rama und für Rahel. – Nicht in Bethlehem! Nicht für andere Frauen!
… und deine Nachkommen haben viel Gutes zu erwarten, spricht der HERR, denn deine Söhne sollen wieder in ihre Heimat kommen.
Jeremia 31,17

	Auch wollten sie ihr Opfer darbringen, wie es das Gesetz des Herrn vorschreibt:
	ein Paar Turteltauben oder zwei junge Tauben.

Levitikus 12,8
Die Eltern konnten Jesus nach Jerusalem tragen.
Ohne jedes Todesrisiko durch Herodes.
Außer für zwei junge Tauben. Durch die Priester.

Das Zeugnis des Simeon. Auch Hannas. Die nur Lukas hörte

Matthäus 2	Lukas 2,25-38
	In Jerusalem lebte damals ein Mann namens Simeon. Er war gerecht und fromm und wartete auf die Rettung Israels,
Also auf Jesus? – Der Israel aber nicht gerettet hat!	
	und der Heilige Geist ruhte auf ihm. Vom Heiligen Geist war ihm offenbart worden, er werde den Tod nicht schauen, ehe er den Messias des Herrn gesehen habe. Jetzt wurde er vom Geist in den Tempel geführt;
Der Heilige Geist war ja Dauergast mit diesem Simeon: er ruhte bei Simeon, er hatte Simeon offenbart, er führte Simeon in den Tempel!	
	und als die Eltern Jesus hereinbrachten, um zu erfüllen, was nach dem Gesetz üblich war,
	nahm Simeon das Kind in seine Arme und pries Gott mit den Worten:
	Nun läßt du, Herr, deinen Knecht, / wie du gesagt hast, in Frieden scheiden. Denn meine Augen haben *das Heil gesehen*, / das du *vor allen Völkern* bereitet hast, *ein Licht*, das *die Heiden* erleuchtet, / und *Herrlichkeit* für dein Volk Israel.
Alles das haben Maria und Josef sich wortwörtlich gemerkt? Und später dem Evangelisten Lukas in die Feder diktiert? Denn niemand sonst weiß etwas davon. Noch nicht einmal ein anderer Evangelist.	
	Sein Vater und seine Mutter
Sein *Vater* Josef? – Obwohl Josef nicht der Vater Jesu war?	
	staunten über die Worte, die über Jesus gesagt wurden. …
Warum denn das? – Beide wussten doch, dass der Heilige Geist Jesus gezeugt hatte! Die Sterndeuter des Matthäus und die Hirten des Lukas hatte es zusätzlich bestätigt.	
	Damals lebte auch eine Prophetin namens Hanna, … war sie eine Witwe von vierundachtzig Jahren. Sie hielt sich ständig im Tempel auf und diente Gott Tag und Nacht mit Fasten und Beten.
Der allmächtige Gott brauchte eine Dienerin? Die betete und fastete? Damit Gott mehr zu essen hat? Oder seine männlichen Diener?	
	In diesem Augenblick nun trat sie hinzu, pries Gott und sprach über das Kind zu allen, die auf die Erlösung Jerusalems warteten.

Lukas hat nicht aufgeschrieben, was Hanna sagte
Die war ja nur eine Frau, anders als Simeon, der Mann!
Und offenbar hat niemand gehört, was öffentlich im Tempel gesprochen wurde
Weder Herodes oder der Hohepriester noch die vielen Schriftgelehrten?

Befehle in zwei Träumen: nach Israel, dann nach Galiläa – Oder traumlose Rückkehr in ihre Stadt Nazaret

Matthäus 2,19-23	Lukas 2,39-40
Als Herodes gestorben war,	
	Als seine Eltern alles getan hatten, was das Gesetz des Herrn vorschreibt,

Im Jahr 4 vor Christi Geburt – Nach vierzig Tagen Wartezeit

erschien dem Josef in Ägypten ein Engel des Herrn im Traum und sagte:	
Steh auf, nimm das Kind und seine Mutter, und zieh in das Land Israel; denn die Leute, die dem Kind nach dem Leben getrachtet haben, sind tot.	

Die Leute? Waren da mehr als der eine Herodes gewesen?

Da stand er auf und zog mit dem Kind und dessen Mutter in das Land Israel.	

Wenn einer eine Reise macht, dann kann er was erzählen
Als Matthäus seine Heilige Familie nach Ägypten reisen ließ,
wusste er davon nichts zu erzählen. Gar nichts.
Aber wollte Josef nicht nach Betlehem zurück? Wo er vorher gewesen war?

Als er aber hörte, daß in Judäa Archelaus an Stelle seines Vaters Herodes regierte, fürchtete er sich, dorthin zu gehen.	
Und weil er im Traum einen Befehl erhalten hatte	
zog er in das Gebiet von Galiläa	kehrten sie nach Galiläa
und ließ sich in einer Stadt namens Nazareth nieder.	
	in ihre Stadt Nazaret zurück.

Aus Furcht und weil er zwei Befehle träumte

Weil sie in ihre Stadt Nazaret zurück kehrten

Ach die Evangelien! Diese Heiligen Schriften! Mit göttlicher Eingebung geschrieben.
Und trotzdem widersprüchlicher als mancher Schulaufsatz.

Der Evangelist Matthäus ließ oft und gerne träumen, sogar eine Römerin
Matthäus 27,19

Denn es sollte sich erfüllen, was durch die Propheten gesagt worden ist: Er wird Nazoräer genannt werden.	
	Das Kind wuchs heran und wurde kräftig; Gott erfüllte es mit Weisheit, und seine Gnade ruhte auf ihm.

Aber Jesus wurde nicht Nazoräer genannt.
Und keiner der Propheten hat das gesagt.

Andere Kinder behütete Gott nicht so gut:
die meisten starben schon in jungen Jahren.

War Maria bei der Geburt Jesu noch Jungfrau?

Wie alt war Maria? Welche Augenfarbe hatte sie? Und welche Zahnlücken?
Aber unbefleckt war sie und Jungfrau. –
Das, genau das,
das weiß man absolut sicher?
Wer hat die Jungfräulichkeit Marias fest gestellt?
Wer und wann und wo und wie?
Die bei der Geburt nicht anwesende Hebamme?
Wäre Maria nicht Jungfrau, sondern über 60 Jahre alt gewesen, *dann*
wäre ihre Schwangerschaft ein Wunder gewesen. –
Aber so war das etwas ganz Normales:
dass ein schöner Mann wie ein Engel erscheint,
dass ein heran wachsendes Mädchen ihn anhimmelt,
dass sie mit ihm schmusen und schlafen will,
dass sie vor Be-geist-erung ohnmächtig wird.
Jede etwas berühmtere *boy group* kennt solche *groupies*.
Die unbefleckte Jungfrau und der träumende Stiefvater sind später sowieso
noch auf den Geschmack aneinander gekommen.
Wenn man glauben darf, was in den Evangelien geschrieben steht:

Matthäus 1,25	Lukas 1,34
Er [Josef] erkannte sie aber nicht, bis sie ihren Sohn gebar.	Maria sagte zu dem Engel: Wie soll das geschehen, da ich keinen Mann erkenne?

„Erkennen" bedeutet Geschlechtsverkehr haben, miteinander schlafen,
vögeln, bumsen, ficken oder wie auch immer man es nennt.
Und danach „erkannte" Josef die Maria.

Und Maria „erkannte" später den Josef.
Also …
Jesus war nicht der einzige Sohn Marias
Als sie dort waren, kam für Maria die Zeit ihrer Niederkunft,
und sie gebar ihren Sohn, den Erstgeborenen.
Lukas 2,6

Ihren Erstgeborenen. Dem also noch andere Kinder folgten
Sonst wäre da doch „ihren einzigen Sohn" oder ähnliches geschrieben worden.
Maria wurde später noch mehrmals Mutter
Nachdem die Festtage zu Ende waren,
machten sie sich auf den Heimweg.
Der junge Jesus aber blieb in Jerusalem,
ohne daß seine Eltern es merkten.
Lukas 2,43

Wäre Jesus ihr einziges Kind gewesen,
dann hätten die Eltern das gemerkt!
Eltern von Einzelkindern wissen das.
War Jesu Geburt ein kosmisches Ereignis?
Eher sind das zwei komische Geschichtchen.

Jesus hatte Brüder: Jakobus, Josef, Simon und Judas
Jesus hatte Schwestern: deren Namen sind über natürlich nicht überliefert
In der Heiligen Schrift steht beides mehrfach klar und deutlich geschrieben.
Deine Mutter und deine Brüder stehen draußen …
Matthäus 12,47
Heißt nicht seine Mutter Maria,
und sind nicht Jakobus, Josef, Simon und Judas seine Brüder?
Leben nicht alle seine Schwestern unter uns?
Matthäus 13,55-56
Deine Mutter und deine Brüder stehen draußen …
Markus 3,32
Ist das nicht der Zimmermann, der Sohn der Maria
und der Bruder von Jakobus, Joses, Judas und Simon?
Leben nicht seine Schwestern hier unter uns?
Markus 6,3
Deine Mutter und deine Brüder stehen draußen …
Lukas 8,20
Da sagten seine Brüder: …
Auch seine Brüder …
Als aber seine Brüder …
Johannes 7,3-10

Oh diese himmlische Heilige Schrift!
Und die Hirten, die angeblich an sie glauben!
Ob die Geschwister Jesu aus der ersten Ehe Josefs
mit einer anderen Frau stammten?

Manche Theologen wollen das glauben.
Manche Theologen müssen das glauben.
(Obwohl Lehre und Forschung frei sein sollten!)
Denn Josef wird im späteren Leben Jesu nicht mehr erwähnt.
Er wäre also früher als Maria gestorben,
weil er bedeutend älter gewesen wäre als sie.
Und er hätte aus einer früheren Ehe diese Kinder gehabt,
und nicht aus der Beziehung mit Maria.

Aber andere Kinder werden bei Jesu Geburt nicht erwähnt:
Sie zogen nicht mit nach Betlehem, Sterndeuter und Hirten haben sie nicht gesehen,
sie flohen nicht mit nach Ägypten und sie zogen nicht mit hinauf zum Tempel:
sie waren bei der Geburt Jesu noch nicht da.

Jesu Geschwister wurden also später geboren, nach Jesus
Und daher also von der Frau des Josef, dieser Maria.
Und dieses ganze katholische Lehre von der ewigen Jungfrau Maria
widerspricht der von ihnen so genannten Heiligen Schrift.
Nicht Josef hatte früher eine Andere gehabt: die Mutter der Geschwister Jesu,
sondern Maria hatte zuvor einen anderen Mann gehabt: den Erzeuger Jesu
Aber wer glauben will, will seine Glaubensstärke beweisen,
indem er völlig Unglaubliches viel fester glaubt
als Normales Glaubwürdiges.

Jesus ehrte seine Mutter nicht. Trotz des Vierten Gebots

Ob Josef der Vater Jesu war, darüber kann man streiten
Jedenfalls hatte der Adoptivvater Josef mit seinem Stiefsohn Jesus mehr Arbeit
als der himmlischer Raben-Vater oder der mächtige Engel Gabriel
oder eine Taube vom Himmel oder der den Embryo bringende Heilige Geist.

Dass aber Maria die Mutter Jesu war, das steht fest
Das wird von allen christlichen Religionen anerkannt.
Aber die so genannte „Heilige Familie" war alles andere als eine Musterfamilie.

Der Ursprung aller Liebe ist die Liebe der Mutter
Aber Jesus würdigte seine Mutter nicht. Im Gegenteil!
Auf Erden die Gebär- und Pflegemutter Gottes, dann ewig Himmels-Königin?
Eher nicht. Wenn man sieht, wie Jesus seine Mutter Maria heruntergemacht hat.

Jesus missachtete mehrmals das vierte Gebot: Du sollt Vater und Mutter ehren!
Als er das sagte, rief eine Frau aus der Menge zu ihm:
Selig die Frau, deren Leib dich getragen und deren Brust dich genährt hat.
Er [Jesus] aber erwiderte:
Selig sind vielmehr die, die das Wort Gottes hören und es befolgen.
Lukas 11,27-28

Hat Jesu Mutter das Wort Gottes nicht gehört oder nicht befolgt. Die Magd des Herrn?

Luther übersetzte noch in deutliches Deutsch (andere sind heute höflicher)
Weib, was habe ich mit dir zu schaffen?
Johannes 2,4

Matthäus 12,47-50	*Markus 3,32-35*	*Lukas 8,20-21*
Da sagte jemand zu ihm: Deine Mutter und deine Brüder stehen draußen und wollen mit dir sprechen.	… und man sagte zu ihm: Deine Mutter und deine Brüder stehen draußen und fragen nach dir.	Da sagte man ihm: Deine Mutter und deine Brüder stehen draußen und möchten dich sehen.
Dem, der ihm das gesagt hatte, erwiderte er: Wer ist meine Mutter, und wer sind meine Brüder?	Er erwiderte: Wer ist meine Mutter, und wer sind meine Brüder?	
Und er streckte seine Hand über seine Jünger aus	Und er blickte auf die Menschen, die … herumsaßen	
und sagte:	und sagte:	Er erwiderte:
Das hier sind meine Mutter und meine Brüder.	Das hier sind meine Mutter und meine Brüder.	
Denn wer den Willen meines himmlischen Vaters erfüllt, der ist für mich Bruder und Schwester und Mutter.	Wer den Willen Gottes erfüllt, der ist für mich Bruder und Schwester und Mutter.	Meine Mutter und meine Brüder sind die, die das Wort Gottes hören und danach handeln.

Sicher hat also Jesu Mutter Maria nicht den Willen Gottes erfüllt
Obwohl sie früher brav den Willen des himmlischen Vaters Gott erfüllt hatte:
Ich bin die Magd des Herrn; mir geschehe, wie du es gesagt hast.
Lukas 1,38

Hatte Maria einen anderen Herrn gemeint? Dessen Willen sie geschehen ließ?

An Jesu Wunder und Zeichen muss man nicht glauben? Obwohl er es wollte?

Nach der Geburt Jesu kommt im Apostolischen Glaubensbekenntnis sein Leiden
Also muss man an Jesu Lehren und seine Wunder und Zeichen nicht glauben?
Jesus hatte das Gegenteil gelehrt: seine Wunder musste man unbedingt glauben!
Sonst war Schluss mit lustig und Liebe!
Dann begann er den Städten, in denen er die meisten Wunder getan hatte,
Vorwürfe zu machen, weil sie sich nicht bekehrt hatten:
Weh dir, Chorazin! Weh dir, Betsaida! Wenn einst in Tyrus und Sidon die Wunder
geschehen wären, die bei euch geschehen sind – man hätte dort in Sack und Asche
Buße getan. Ja, das sage ich euch:
Tyrus und Sidon wird es am Tag des Gerichts nicht so schlimm ergehen wie euch.
Matthäus 11,20-22
Weh dir, Chorazin! Weh dir, Betsaida! Wenn einst in Tyrus und Sidon die Wunder
geschehen wären, die bei euch geschehen sind – man hätte dort in Sack und Asche
Buße getan. Tyrus und Sidon wird es beim Gericht nicht so schlimm ergehen wie euch.
Lukas 10,13-14
Und du, Kafarnaum, meinst du etwa, du wirst bis zum Himmel erhoben?
Nein, in die Unterwelt wirst du hinabgeworfen. Wenn in Sodom die Wunder
geschehen wären, die bei dir geschehen sind, dann stünde es noch heute.
Ja, das sage ich euch:
Dem Gebiet von Sodom wird es am Tag des Gerichts nicht so schlimm ergehen wie dir.
Matthäus 11,23-24
Und du, Kafarnaum, meinst du etwa, du wirst bis zum Himmel erhoben?
Nein, in die Unterwelt wirst du hinabgeworfen.
Lukas 10,15
Wo Jesus seine meisten Wunder gewirkt hatte – glaubten sie ihm nicht
Bekehrten sich nicht! Taten sie keine Buße!
Das reichte, um in die Unterwelt geworfen zu werden. Sagte Jesus
Und schlimmer bestraft zu werden als damals Sodom durch Gott Vater:
Da ließ der HERR auf Sodom und Gomorra Schwefel und Feuer regnen, vom HERRN,
vom Himmel herab: er vernichtete von Grund auf jene Städte und die ganze Gegend,
auch alle Einwohner der Städte und alles, was auf den Feldern wuchs.
Genesis 19,24-25
Ein Holocaust Gott Vaters für Menschen und Tiere und sogar für Pflanzen!
Das liebe Jesulein drohte das denen an, die seinen Wundern nicht glaubten.
Warum wurden manche Wunder nur von einem Evangelisten aufgeschrieben?
Wenn schon die *Taten* Jesu nicht genau erzählt und überliefert wurden,
wie wenig kann man dann erst den angeblichen *Worten* Jesu trauen?

Fast alle angeblichen Christen sind Alltags-Atheisten: Gott macht nichts
Wunder erst recht nicht. Wunder gibt es nur in der Vergangenheit. In Erzählungen.
Oder in Heiligen Evangelien. Widerlich widersprüchlich, über natürlich.
Wahrheit braucht keine Wunder – Lüge und Betrug ge-brauchen sie

Der Glaube an Wunder war Voraussetzung für Jesu Wunder

Jesus war erstaunt, als er das hörte, und sagte …: Amen, das sage ich euch:
Einen solchen Glauben habe ich in Israel noch bei niemand gefunden. …
Und zum Hauptmann sagte Jesus: Geh! Es soll geschehen, wie du geglaubt hast.
Matthäus 8,10.13

Als Jesus ihren Glauben sah, sagte er zu dem Gelähmten: … mein Sohn, deine
Sünden sind dir vergeben.… Steh auf, nimm deine Tragbahre, und geh nach Hause!
Matthäus 9,2.6

Jesus wandte sich um, und als er sie sah, sagte er: Hab keine Angst, meine Tochter,
dein Glaube hat dir geholfen. Und von dieser Stunde an war die Frau geheilt.
Matthäus 9,22

Als Jesus weiterging, folgten hm zwei Blinde …
Er sagte zu ihnen: Glaubt ihr, daß ich euch helfen kann? …
Matthäus 9,27-28

Darauf antwortete ihr Jesus: Frau, dein Glaube ist groß: Was du willst, soll geschehen.
Und von dieser Stunde an war ihre Tochter geheilt.
Matthäus 15,28

Als Jesus ihren Glauben sah, sagte er zu dem Gelähmten: Mein Sohn, deine Sünden
sind dir vergeben. …Steh auf, nimm deine Tragbahre, und geh nach Hause!
Markus 2,5.11

Er aber sagte zu ihr: Meine Tochter, dein Glaube hat dir geholfen.
Geh in Frieden! Du sollst von deinem Leiden geheilt sein.
Markus 5,34

Jesus sagte zu ihm: Wenn du kannst? Alles kann, wer glaubt.
Da rief der Vater des Jungen: Ich glaube; hilf meinem Unglauben.
Markus 9,23-24

Und Jesus fragte ihn: Was soll ich dir tun? …
Da sagte Jesus zu ihm: Geh! Dein Glaube hat dir geholfen.
Markus 10,52

Als er ihren Glauben sah, sagte er zu dem Mann: Deine Sünden sind dir vergeben! …
Steh auf, nimm deine Tragbahre, und geh nach Hause!
Lukas 5,20.24

Jesus war erstaunt …. Und er wandte sich um und sagte zu den Leuten,
die ihm folgten: Nicht einmal in Israel habe ich einen solchen Glauben gefunden.
Lukas 7,9

Dann sagte er zu ihr: Deine Sünden sind dir vergeben. …
Er aber sagte zu der Frau: Dein Glaube hat dir geholfen. Geh in Frieden!
Lukas 7,48.50

Da sagte er zu ihr: Meine Tochter, dein Glaube hat dir geholfen. Geh in Frieden!
Lukas 8,48

Und er sagte zu ihm: Steh auf und geh! Dein Glaube hat dir geholfen.
Lukas 17,19

Da sagte Jesus zu ihm: Du sollst wieder sehen. Dein Glaube hat dir geholfen.
Lukas 18,42

Als der Mann vor ihm stand, fragte ihn Jesus: Was soll ich dir tun? …
Da sagte Jesus zu ihm: Du sollst wieder sehen. Dein Glaube hat dir geholfen.
Lukas 18,40-42

Danach schickte Jesus die so unglaublich Geheilten oft weg

Dämonen und unreine Geister trieb Jesus aus

Sogar bei Frauen hat Jesus das mehrmals gemacht

Anders als sein einziges Heilungswunder an der Mutter des Petrus.

Matthäus	Markus	Lukas	Johannes
Erhören der Bitte einer heidnischen Frau: Dämon austreiben 15,21-28	Erhören der Bitte einer heidnischen Frau: Dämon austreiben 7,24-30		
		Einige Frauen von bösen Geistern und Krankheiten geheilt 8,2	
	Sieben Dämonen aus Maria Magdala ausgetrieben 16,9	Sieben Dämonen aus Maria Magdalene ausgefahren 8,3	
		Frau mit verkrümmten Rücken von Dämon/ Satan befreit 13,10-17	

Vier der fünf Wunder Jesu an Frauen waren Austreibungen von Dämonen.

Austreibungen von Dämonen aus Männern

	Austreiben eines unreinen Geistes 1,23-28	Austreiben eines Dämons 4,33-37	
Heilen von zwei Besessenen in Gadara (Ertrinken von Schweinen) 8,28-34	Heilen eines Besessenen in Gerasa (Ertrinken von 2000 Schweinen) 5,1-20	Heilen eines Besessenen in Gerasa (Ertrinken von Schweinen) 8,26-39	
Austreiben eines stummen Dämons 9,32-34		Austreiben eines stummen Dämons 11,14	
Heilen eines blind und stumm Besessenen 12,22-23			
Heilen eines mondfall-süchtigen Jungen 17,14-21	Heilen eines stumm besessenen Jungen 9,14-29	Heilen eines besessenen Jungen 9,37-43	

Austreibungen von Dämonen aus allen oder vielen

Also zu damaligen Zeiten auch meistens (oder nur) aus Männern.

	Austreiben der Dämonen in Galiläa 1,39		
Heilen (in Syrien?) von Gebrechen und Leiden, Besessene, Mondsüchtige, Gelähmte 4,24	Heilen vieler Leidender durch Berühren, Verstummen von Besessenen 3,10-11	Heilen vieler von Krankheiten und Leiden, von Blinden, Austreiben böser Geister 7,21	
Austreiben vieler Geister und Heilen	Heilen vieler Kranker und Austreiben	Austreiben vieler Dämonen und Heilen	

aller Kranken am Abend *8,16-17*	vieler Dämonen am Abend *1,32-34*	aller Kranken am Abend *4,40-41*	
		Heilen aller, die ihn berührten, von Krankheiten und bösen Geistern *6,18-19*	

Dämonen und Geister hat Jesus immer wieder ausgetrieben

Oder: An Dämonen und Geister wurde damals viel geglaubt
In jenen Zeiten ohne Medizinstudium und Krankenhäuser.

Aber niemand sonst hat diese Austreibungen aufgeschrieben
Kein einziger Geschichtsschreiber hat diese Unmengen an Heilungen festgehalten.

Nur die Gläubigen glauben daran: Das übliche Wunder aller Religionen.

Was beweist die Austreibung von Dämonen? – Nichts: andere machen das auch
Herr, Herr, sind wir nicht in deinem Namen als Propheten aufgetreten,
und haben wir nicht mit deinem Namen Dämonen ausgetrieben …
Dann werde ich ihnen antworten:
Ich kenne euch nicht. Weg von mir, ihr Übertreter des Gesetzes.
Matthäus 7,22-23 (Bergpredigt)
Meister, wir haben gesehen, wie jemand in deinem Namen Dämonen austrieb;
und wir versuchten, ihn daran zu hindern, weil er uns nicht nachfolgt.
Markus 9,38
Meister, wir haben gesehen, wie jemand in deinem Namen Dämonen austrieb,
und wir versuchten, ihn daran zu hindern, weil er nicht mit uns zusammen dir nachfolgt.
Lukas 9,49

Dämonen und böse Geister sind heute irgendwie selten geworden
In unserer Zeit allgemeiner Schulbildung.

Obwohl diese unsterblichen Geister doch immer neue Häuser suchen:
Ein unreiner Geist, der einen Menschen verlassen hat,
wandert durch die Wüste und sucht einen Ort, wo er bleiben kann.
Wenn er aber keinen findet, (dann) sagt er:
Ich will in mein Haus zurückkehren, das ich verlassen habe.
Und wenn er es bei seiner Rückkehr (leer) antrifft, sauber und geschmückt,
dann geht er und holt sieben andere Geister, die noch schlimmer sind als er.
Sie ziehen dort ein und lassen sich nieder.
So wird es mit diesem Menschen am Ende schlimmer werden als vorher.
Matthäus 12,43-45 – Lukas 11,24-26 (fast wörtlich gleichlautend!!!)
Also wozu diese ganze Geister-Austreiberei?

Um es dadurch noch schlimmer zu machen!

Fast alle angeblichen Christen sind Alltags-Atheisten
Sie glauben an die vielen Dämonen genauso wenig wie an einen Sohn Gottes.

Was ist wahrscheinlicher?
Dass ein Wunder wirklich geschehen ist.

Oder dass jemand sagt, dass ein Wunder geschehen ist.
Aufheben und Wiedereinsetzen eines Naturgesetzes.

Oder das Erzählen einer Einbildung und das Drucken einer Erzählung.

Jesu Heilungswunder: die damals üblichen

Das größte aller Wunder in diesen vier Evangelien?

Es gibt ein Wunder, das in allen vier Evangelien vorkommt!

Jesus verbot öfters, seine Wunder oder Zeichen bekannt zu machen

Matthäus 8,4; 9,30; 12,16 – Markus 1,44; 5,43; 7,36 – Lukas 5,14; 8,56

Aber ungehorsame Evangelisten haben trotzdem ein paar aufgeschrieben.

So geht das öfters mit göttlichen Verboten: nicht mal die Gläubigsten befolgen sie.

Jesu Auferweckungen von Toten

Matthäus	Markus	Lukas	Johannes
		Auferwecken eines jungen Mannes in Naïn 7,11-17	
			Auferwecken des Lazarus 11,17-44

Das Grab des Lazarus fand Jesus nicht; den Grabstein konnte er nicht weg heben.

Johannes 11,34 und 39

Aber den toten Lazarus aus dem Grab heraus rufen – das konnte Jesus locker?

Und die Auferweckung der Tochter eines Synagogenvorstehers?

Matthäus 9,23-26 – Markus 5,35-43 – Lukas 8,49-56

Aber Jesus sagte, dass das Mädchen schläft. In allen drei Erzählungen. Also:

Hatte Jesus alle angelogen und es durch ein Wunder auf-er-weckt?

Hatte Jesus die Wahrheit gesagt und es aus dem Schlaf auf-ge-weckt?

Nur eines kann wahr sein: Lüge und Auferweckung – Wahrheit und Aufwachen.

Jesu Wunder an Frauen

Matthäus	Markus	Lukas	Johannes
Fieber senken bei Schwiegermutter des Petrus 8,14-15	Fieber senken bei Schwiegermutter des Petrus 1,29-31	Fieber senken bei Schwiegermutter des Petrus 4,38-39	

Ob das Fieber nicht auch von alleine, ohne Jesus, gefallen wäre?

Wie die anderen unchristlichen Fieber das nach einiger Zeit tun.

Petrus hatte eine Schwiegermutter. Also hatte er, der erste Papst, auch eine Frau

Nichts da mit Zölibat und Enthaltsamkeit, diesen unnatürlichen Perversionen.

Auch Jesu Gewand konnte heilen: sein Saum machte gesund

Matthäus	Markus	Lukas	Johannes
Heilen einer Frau mit zwölfjährigen Blutungen sofort 9,20-22	Heilen einer Frau mit zwölfjährigen Blutungen sofort 5,25-34	Heilen einer Frau mit zwölfjährigen Blutungen sofort 8,43-48	
Heilen aller, die den Saum seines Gewands berührten 14,35-36	Heilen aller, die den Saum seines Gewands berührten 6,55-56		

Ob diese blutende Frau auch am nächsten Tag noch ohne Blutung war?

Oder nach einem Monat oder Jahr? Darüber steht dort nichts geschrieben …

Jesus hat nur ein krankes Kind geheilt: den „Sohn eines Beamten"
Oder war es der Diener eines Hauptmanns in Kafarnaum?
Kranke Tiere oder Pflanzen hat Jesus nie geheilt
Im Gegenteil: einen gesunden, normalen Feigenbaum getötet.
Jesu viele Wunder an Männern (und an einem Sohn)

Matthäus	Markus	Lukas	Johannes
Heilen eines Aussätzigen 8,1-4	Heilen eines Aussätzigen 1,40-45	Heilen eines Aussätzigen 5,12-16	
			In Kafarnaum Heilen des sterbenskranken Sohns eines Beamten 4,46-54
In Kafarnaum Heilen des gelähmten Dieners eines Hauptmanns 8,5-13		In Kafarnaum Heilen des todkranken Dieners eines Hauptmanns 7,1-10	
Heilen eines Gelähmten in seiner Stadt 9,1-8	Heilen eines Gelähmten durch Dach in Kafarnaum 2,1-12	Heilen eines Gelähmten durch Dach 5,17-26	
			Heilen eines Gelähmten am Teich Betesda 5,1-18
Heilen von zwei Blinden durch Berühren 9,27-31	Heilen eines Blinden mit Speichel u Berühren 8,22-26		Heilen eines blind Geborenen mit Speichel und Erde 9,1-12
Heilen einer verdorrten Hand 12,9-14	Heilen einer verdorrten Hand 3,1-6	Heilen einer verdorrten Hand 6,6-11	
	Heilen eines Taub-Stummen 7,31-37		
Heilen von zwei Blinden bei Jericho 20,29-34	Heilen des blinden Bartimäus bei Jericho 10,46-52	Heilen eines Blinden bei Jericho 18,35-43	
		Heilen eines wassersüchtigen Mannes 14,1-6	
		Heilen von zehn Aussätzigen 17,12-13	
		Anwachsen eines abgeschlagenen Ohres 22,50-51	

2 statt 1: Matthäus hat die besseren Heilungen (oder verbesserte)

An Jesu Wunder und Zeichen muss man nicht glauben? Obwohl er es wollte?

Jesu Wunder an allen oder vielen oder einigen. Also auch meistens Männern

Matthäus	Markus	Lukas	Johannes
Heilen aller Krankheiten und Leiden 4,23			
Heilen von Gebrechen und Leiden, Gelähmte 4,24	Heilen vieler Leidender durch Berühren 3,10-11	Heilen vieler von Krankheiten und Leiden 7,21	
Heilen aller Kranken am Abend 8,16-17	Heil. vieler Kranker am Abend 1,32-34	Heilen aller Kranken am Abend 4,40-41	
Heilen aller Krankheiten und Leiden 9,35			
Heilen aller Kranken 12,15			
Nur wenige Wunder in seiner Heimat 13,58	Kein Wunder, Heilen einiger Kranker in seiner Heimat 6,5		
Mitleid und Heilen der Kranken 14,14		Heilen aller, die Hilfe brauchten 9,11	Zeichen die er an Kranken tat 6,2
		Heilen aller, die ihn berührten 6,18-19	
Heilen von Lahmen, Krüppeln, Blinden, Stummen und anderen Kranken 15,29-31			
Heilen vieler 19,2			
Heilen von Lahmen und Blinden 21,14			
			Noch viele andere Zeichen 20,30

Geheilt hat Jesus immer wieder. Oder

Heilungen wurden immer wieder geglaubt
In jenen Zeiten ohne Medizinstudium und Krankenhäuser.
Kein Geschichtsschreiber hat diese vielen Heilungen aufgeschrieben
Nur die Gläubigen glaubten an seine Wunder:
Das übliche Wunder aller Religionen.
Nicht manche Heilungen waren schlimm, sondern dass er sie am Sabbat wirkte
Er sollte sie an anderen Tagen machen,
so wie die anderen Wunderheiler jener Zeit das taten.
Jeder Hausarzt rettet heutzutage mehr Menschenleben als jener Jesus
Jedes Jahr, nicht nur in seinem Leben.

Jesu Wunder an der Natur: Wasser und Wein und Essen

Nicht nur Dämonen und Krankheiten vertreiben konnte Jesus ganz wunderbar

Matthäus	Markus	Lukas	Johannes
			6 x 100 Liter Wasser in guten Wein verwandeln 2,6-11
Stillen der Winde und des Sees 8,23-27	Stillen des Winds und des Sees 4,37-41	Stillen des Winds und der Wellen 8,23-25	
Auf Wasser gehen 14,22-33	Auf Wasser gehen 6,45-52		Auf Wasser gehen am Ufer 6,16-21
Gehen des Petrus auf Wasser 14,28-31			

Nur einmal hat Jesus sehr viel Wasser in guten Wein verwandelt
Bei den anderen Evangelisten musste er sich zum Essen und Trinken einladen lassen.
Nur einmal konnte Jesus den Petrus auf dem Wasser gehen lassen; ein wenig

		Sehr viele Fische fangen lassen 5,5-10	153 große Fische fangen lassen 21,5-11
Speisung der etwa 5.000 Männer mit 5 Broten und 2 Fischen, dazu noch Frauen und Kinder 14,15-21	Speisung der 5.000 Männer mit 5 Broten und 2 Fischen 6,35-44	Speisung der etwa 5.000 Männer mit 5 Broten und 2 Fischen 9,12-17	Speisung der etwa 5.000 Männer mit 5 Broten und 2 Fischen 6,5-15
Speisung der 4.000 Männer mit 7 Broten und ein paar Fischen, dazu noch Frauen und Kinder 15,32-39	Speisung der etwa 4.000 Menschen mit 7 Broten und ein paar Fischen 8,1-10		
Münze in Fischmaul zum Zahlen der Steuer 17,27			

Jesus vermehrte Brote so gut, dass man mitgeschleppte leere Körbe damit füllte
Aber schon kurze Zeit danach jammerten seine Jünger über zu wenig Brot:
Matthäus 16,7 – Markus 8,16

Obwohl Jesus es doch sooo vielfach vermehren konnte!

Seltsam? Nein, heilig!

Aber wozu schleppten die Leute leere Körbe mit sich herum?
Aber warum hat nur Matthäus Frauen und Kinder bemerkt? Oder hinzu erfunden …

Verdorren eines Feigenbaums ohne Früchte sofort 21,18-22	Verdorren eines Feigenbaums ohne Früchte über Nacht 11,12-14 und 20-25		

Jesus hatte Hunger und wollte von einem Feigenbaum Früchte stehlen
Aber der Baum war so unverschämt, *vor* der Erntezeit keine Feigen zu tragen.

Jesus wusste nicht einmal, wann Erntezeit für Feigen war
Also musste ein normaler feigenloser Feigenbaum verdorren.
Den blöden Irrtum Jesu musste der unschuldige Baum büssen! Gott ist die Liebe?

Doch um Hunger und Feigen essen geht es dabei über natürlich gar nicht
… müssen wir diesen Vorgang aus der Perspektive des Gottessohnes sehen,
der in diesem Bild eine Symbolperspektive über die Jahrhunderte … vor uns aufrichtet.
Joseph Kardinal Ratzinger: Gott und die Welt (Seite 254 f.)
Müssen? Wir?
Symbolperspektive? Über die Jahrhunderte?
Vor uns? Aufrichtet?

Dumme Unwissenheit und ungerechter Jähzorn Jesu wird noch überboten
von primitivem Eigennutz und unverschämter Umdeuterei seines Vormundes.

Wunder und Zeichen und Werke würden ihn als Christus beweisen, sagte Jesus
Matthäus 11,4-5 – Lukas 7,22 – Johannes 5,36; 10,25; 10,38; 14,11

Aber wollten seine Hörer eines sehen, dann wollte oder konnte er keines wirken
Matthäus 12,38-39; 16,1-4 – Markus 8,11-12 – Lukas 11,16.29 – Johannes 6,30

Was beweisen Wunder? – 1. Alles: dass Jesus der war, der kommen soll
Johannes [der Täufer] … ließ ihn fragen: Bist du der, der kommen soll …?
Jesus antwortete ihnen: Geht und berichtet Johannes, was ihr hört und seht:
Blinde sehen wieder, und Lahme gehen; Aussätzige werden rein, und Taube hören;
Tote stehen auf, und den Armen wird das Evangelium verkündet.
Matthäus 11,2-5 – ähnlich Lukas 7,18-22
Dabei wusste Matthäus nichts von auferstandenen Toten. Und Lukas kannte nur einen.

Was beweisen Wunder? – 2. Nichts: denn auch andere wirken welche
Herr, Herr, sind wir nicht in deinem Namen als Propheten aufgetreten, …
und mit deinem Namen viele Wunder vollbracht.   Dann werde ich ihnen antworten:
Ich kenne euch nicht. Weg von mir, ihr Übertreter des Gesetzes.
Matthäus 7,22-23 (Bergpredigt)
Denn es wird mancher falsche Messias und mancher falsche Prophet auftreten,
und sie werden große Zeichen und Wunder tun …
Matthäus 24,24
Denn es wird mancher falsche Messias und mancher falsche Prophet auftreten,
und sie werden Zeichen und Wunder tun …
Markus 13,22

„Wunder gibt es immer wieder!"

Bei denen die sie wollen, die an sie glauben wollen
Alle Religionen haben genug Wunder, um ihre eigene Wahrheit zu „beweisen".

Jeder Landwirt und jeder Fischer sättigt heute mehr Menschen als jener Jesus
Und nicht nur einmal (oder zweimal) im Leben, sondern jedes Jahr!

„gelitten unter Pontius Pilatus"

Das Leiden und Sterben Jesu ist dann wieder glaubwürdig.
An das muss man glauben.
Leid und qualvoller Tod sind wichtig …
Sagen die Hirten und Fischer, die ihre Schafe und Fische leiden lassen.
Und für sie beten, wenn sie leiden und gestorben sind.

Jesu Einzug in Jerusalem: über Kleider oder/und Zweige

Triumphal wurde er begrüßt.
Obwohl er nur auf einem Esel saß, wie andere Leute auch.

Matthäus 21,8-11	Markus 11,8-11	Lukas 19,36-40	Johannes 12,12-13
Viele Menschen breiteten	Und viele breiteten	Während er dahin ritt, breiteten	Da nahmen sie [die Volksmenge, die sich zum Fest eingefunden hatte]
		die Jünger	
ihre Kleider auf der Straße aus,	ihre Kleider auf der Straße aus;	ihre Kleider auf der Straße aus.	
andere schnitten Zweige von den Bäumen und streuten sie auf den Weg.	andere rissen auf den Feldern Zweige (von den Büschen) ab und streuten sie auf den Weg.		Palmzweige, zogen hinaus, um ihn zu empfangen,

Drei Evangelisten wissen was vom begeisterten Empfang durch viele Menschen
Für die Hufe einer Eselin und ihres Fohlens gab es Kleidern und /oder Zweige.
Bei Lukas breiteten nur Jesu Jünger ihre Kleider aus. Und machten noch mehr:

		Als er an die Stelle kam, wo der Weg vom Ölberg hinabführt,	
		begannen alle Jünger	
		freudig und mit lauter Stimme Gott zu loben wegen all der Wundertaten, die sie erlebt hatten.	

Bei Lukas lobten seine Jünger Gott
Vielleicht auch wegen der weiteren Wunder, die sie zu sehen hofften.
Dort in der Hauptstadt ihrer und seiner Religion …

Die Leute aber, die vor ihm hergingen und die ihm folgten,	Die Leute, die vor ihm hergingen und die ihm folgten,		
		Sie [die Jünger]	
riefen:	riefen:	riefen:	und riefen:

Hosanna dem Sohn Davids!	Hosanna!		Hosanna!
Gesegnet sei er,	Gesegnet sei er,	Gesegnet sei der König,	Gesegnet sei der,
der kommt im Namen des Herrn.	der kommt im Namen des Herrn!	der kommt im Namen des Herrn.	der kommt im Namen des Herrn,
	Gesegnet sei das Reich unseres Vaters David, das nun kommt.		
			der König Israels!

Gesegnet sei: Davids Sohn – Vater Davids Reich – der König – der König Israels

Hosanna	Hosanna		
		Im Himmel Friede und Herrlichkeit	
in der Höhe!	in der Höhe!	in der Höhe.	

Kein Hosanna bei Lukas. Nicht unten und nicht in der Höhe

		Da riefen ihm	
		einige Pharisäer aus der Menge zu:	Die Pharisäer aber sagten
			zueinander:
		Meister, bring deine Jünger zum Schweigen!	
			Ihr seht, daß ihr nichts ausrichtet; alle Welt läuft ihm nach.

Ach ja: diese Pharisäer sind immer da, wo die Evangelisten sie haben wollen

		Er erwiderte: Ich sage euch: Wenn sie schweigen, werden die Steine schreien.	

Um vieles eindrucksvoller wäre das gewesen! Schreiende Steine!

Die hat der bescheidene Gottessohn aber dann doch nicht schreien lassen …

Obwohl er wollte, dass sie an ihn glauben?

Als er in Jerusalem einzog,	Und er zog nach Jerusalem hinein,		
geriet die ganze Stadt in Aufregung, und man fragte: Wer ist das?			
Die Leute sagten: Das ist der Prophet Jesus aus Nazaret in Galiläa.			

Erst Sohn Davids, kurz danach ein Prophet

Oder bei Lukas und Johannes ein König

Die Tempelreinigung

Bei Johannes machte Jesus das gleich zu Beginn seiner tödlichen Karriere ...

Matthäus 21,12-17	Markus 11,15-19	Lukas 19,45-46	Johannes 2,13-16
Jesus ging in den Tempel	Jesus ging in den Tempel	Dann ging er in den Tempel	Im Tempel fand er die
			Verkäufer von Rindern, Schafen und Tauben und die Geldwechsler, die dort saßen.

Die müssen dort sein: so will es dieser Gott

...und ihre Brandopfer und Schlachtopfer sollen mir wohlgefällig sein auf meinem Altar;
Auch nach Jesu Geburt opferten Maria und Josef ein Paar Turteltauben,
weil sie kein Geld für ein Schaf hatten. So wie Gott es vorgeschrieben hat!

			Er machte eine Geißel aus Stricken

Aber nur Johannes hat das gesehen. Oder erfunden

und trieb alle Händler	und begann, die Händler	und begann, die Händler	und trieb sie alle
und Käufer	und Käufer		

Alle Händler und Verkäufer – Aber nur zweimal auch die vielen Käufer

aus dem Tempel hinaus;	aus dem Tempel hinauszutreiben;	hinaus-zutreiben.	aus dem Tempel hinaus,
			dazu die Schafe und Rinder; ...

Schafe und Rinder und ihre Austreibung haben drei Evangelisten übersehen

er stieß die Tische der Geldwechsler	er stieß die Tische der Geldwechsler		und ihre Tische stieß er um.
und die Stände der Taubenhändler um	und die Stände der Taubenhändler um ...		
und sagte:	Er belehrte sie und sagte:	Er sagte zu ihnen:	Zu den Tauben-händlern sagte er:
	Heißt es nicht in der Schrift:	In der Schrift steht:	
			Schafft das hier weg, macht
Mein Haus soll ein Haus	*Mein Haus soll ein Haus*	*Mein Haus soll ein Haus*	das Haus meines Vaters
des Gebetes sein.	*des Gebetes*	*des Gebetes sein.*	
	für alle Völker sein.		
Ihr aber macht daraus *eine Räuber-höhle*.	Ihr aber habt daraus *eine Räuber-höhle* gemacht.	Ihr aber habt daraus *eine Räuber-höhle* gemacht.	
			nicht zu einer Markthalle!

In „seinen" Häusern, den christlichen Gotteshäusern, gibt es so was nicht!

Nur Opferstöcke und Klingelbeutel, Sammeltütchen und Überweisungsvordrucke ...

Judas Iskariot wollte Jesus an die Hohenpriester ausliefern – Nicht bei Johannes

Matthäus 26,14-16	Markus 14,10-11	Lukas 22,4-6	Johannes 13
Darauf ging einer der Zwölf namens Judas Iskariot	Judas Iskariot, einer der Zwölf, ging	Judas ging	
zu den Hohenpriestern	zu den Hohenpriestern.	zu den Hohenpriestern	

Zu *den* Hohenpriestern gehen war unmöglich wie heute zu *den* Bundeskanzler*n*
Es gab immer nur einen Hohenpriester, einen einzigen –
nicht zwei oder drei oder noch mehr.

Matthäus 26,14-16	Markus 14,10-11	Lukas 22,4-6	Johannes 13
		und den Hauptleuten	

Lukas wusste mehr als die drei anderen
Wie viele Hauptmänner dabei waren,
das hat er leider nicht aufgeschrieben.

Matthäus 26,14-16	Markus 14,10-11	Lukas 22,4-6	Johannes 13
und sagte: Was wollt ihr mir geben,			
		und beriet mit ihnen,	
wenn ich euch Jesus ausliefere?	Er wollte Jesus an sie ausliefern.	wie er Jesus an sie ausliefern könnte.	

Judas wollte Jesus an die Hohenpriester ausliefern. In drei Evangelien

Aber bei Johannes nicht
Judas dachte bei ihm gar nicht daran.

Matthäus 26,14-16	Markus 14,10-11	Lukas 22,4-6	Johannes 13
	Als sie das hörten, freuten sie sich	Da freuten sie sich	
	und versprachen, ihm Geld dafür zu geben.	und kamen mit ihm überein, ihm Geld dafür zu geben.	

Was zwei Evangelisten alles wissen
Als ob sie selbst mit Judas Iskariot bei den Hohenpriestern dabei gewesen wären.
So schreiben sie. Offenbar ohne rot zu werden.

Matthäus 26,14-16	Markus 14,10-11	Lukas 22,4-6	Johannes 13
		Er sagte zu	
Von da an suchte er nach einer Gelegenheit, ihn auszuliefern.	Von da an suchte er nach einer günstigen Gelegenheit, ihn auszuliefern.	und suchte von da an nach einer Gelegenheit, ihn an sie auszuliefern,	
		ohne daß das Volk es merkte.	

Aber bei Johannes noch immer nicht
Hat dieser Evangelist da etwas nicht mitgekriegt?

Nur der Preis für eine Frau: 30 Silberstücke. Bei Matthäus

Matthäus 26,15	Markus 14,11	Lukas 22,5	Johannes 13
Und sie zahlten ihm dreißig Silberstücke.			
	… und versprachen, ihm Geld dafür zu geben.	… und kamen mit ihm überein, ihm Geld dafür zu geben.	

Einmal erhielt Judas 30 Silberstücke im voraus auf die Hand.

Zweimal wurde ihm Geld nur versprochen. Irgendein Betrag irgendwann.

Bei Johannes ging alles ganz ohne Gespräch und Geld.

Und wie wertvoll waren jene 30 Silberstücke des Matthäus?

Weil Matthäus das nicht schreibt, wahrscheinlich die damals übliche.

Sie entsprechen nach Mt 20,2 dem Tageslohn eines Arbeiters.

Der „Silberling" (Mt 26,15) hat möglicherweise den vierfachen Wert.

SACH- UND WORTERKLÄRUNGEN

Die Bibel nach der Übersetzung Martin Luthers

Oder war es die Währung von Gott Vater? Man lausche seinen Worten

Und der Herr redete mit Mose und sprach:

Rede mit den Israeliten und sprich zu ihnen:

Denn der Herr gab nicht nur Zehn Gebote, sondern ganze Gesetzesbücher.

Wenn jemand dem Herrn ein Gelübde getan hat, das abgelöst werden soll,

und es sich um einen Menschen handelt, so soll das deine Schätzung sein:

Gott selbst hat den Wert der Menschen festgesetzt.

Einen Mann von zwanzig bis sechzig Jahren

sollst du schätzen auf fünfzig Lot Silber nach dem Gewicht des Heiligtums,

eine Frau auf dreißig Lot Silber.

Immerhin: eine Frau ist mehr als halb wert wie ein Mann.

Von fünf bis zwanzig Jahren sollst du,

wenn es ein Mann ist, schätzen auf zwanzig Lot Silber,

eine Frau aber auf zehn Lot Silber.

Ein Mädchen ist nur halb so viel wert wie ein Junge. Und so weiter:

3. Buch Mose (Levitikus) 27,1-8

Die Preise des Herrn als Tabelle zusammengefasst

Alter	Preis männlich (in Lot Silber)	Preis weiblich (in Lot Silber)
Unter 1 Monat	Umsonst, wertlos	Kostet nichts, ohne Wert
1 Monat bis 5 Jahre	5	3
5 bis 20 Jahre	20	10
20 bis 60 Jahre	50	30
60 Jahre und älter	15	10

Judas Iskariot, der Kassenwart, hat offenbar schlecht verhandelt

Für diesen einmaligen, einzigartigen, unvergleichlichen Messias Gottessohn usw.

hat er nur einen Monatslohn oder den niedrigeren Preis für eine Frau erhalten.

Oder war es ein Notverkauf: weil die Kasse der Jesus-Clique leer war?

Weil die Jesus-Kampagne in der Hauptstadt Jerusalem ein finanzielles Fiasko war?

Jesu Ankündigung des Verrats durch einen der Zwölf

Matthäus 26,20-25	Markus 14,18-21	Lukas 22,21-23	Johannes 13,2.18
Als es Abend wurde, begab er sich mit den zwölf Jüngern zu Tisch.	Als es Abend wurde, kam Jesus mit den Zwölf. Während sie nun bei Tisch waren	Als die Stunde gekommen war, begab er sich mit den Aposteln zu Tisch.	Es fand ein Mahl statt …
Und während sie aßen, sprach er:	und aßen, sagte er:	Und er sagte zu ihnen: …	
			Ich weiß wohl, welche ich erwählt habe, aber das Schriftwort muß sich erfüllen:
Amen, ich sage euch: Einer von euch wird mich verraten und ausliefern.	Amen, ich sage euch: Einer von euch wird mich verraten und ausliefern,	Doch seht, der Mann, der mich verrät und ausliefert,	
	einer von denen, die zusammen mit mir essen.	sitzt mit mir am Tisch.	Einer, der mein Brot aß,
			hat mich hintergangen.

Bemerkenswert, diese Übereinstimmung!
Wirklich fast unglaublich harmonisch, diese sonst so wirren Gottesworte.
Nur Johannes weiß wie üblich einiges extra.
Eine Aussage über die Vergangenheit als Vorhersage für die Gegenwart?

Da waren sie sehr betroffen,	Da wurden sie traurig,		
und einer nach dem andern fragte ihn:	und einer nach dem andern fragte ihn:	… Da fragte einer	
		den anderen,	
Bin ich es etwa, Herr?	Doch nicht etwa ich?		
		wer von ihnen das wohl sei, der so etwas tun werde.	

Bei Matthäus und Markus sah jeder der Jünger sich als möglichen Verräter.
Was für Auserwählte waren das?
Wenn jeder von ihnen eine so große Schuld auf sich laden konnte!

			Nach diesen Worten war Jesus im Innersten erschüttert

Nur Johannes konnte in das Innerste Jesu blicken.

Er antwortete:	Er sagte zu ihnen:		und bekräftigte:
			Amen, amen, das sage ich euch:
Der, der die Hand mit mir in die Schüssel getaucht hat,	Einer von euch Zwölf, der mit mir aus derselben Schüssel ißt.		Einer von euch
wird mich verraten.		…	wird mich verraten.

Mit der Hand in die Schüssel? Weil dort was zu Essen drin war?
Und trotzdem wollten Jesu Jünger ihre Hände vor dem Essen nicht waschen?
Und etwas Genaueres als zuvor hatte Jesus damit auch nicht gesagt.

| Der Menschensohn muß zwar seinen Weg gehen, wie die Schrift über ihn sagt. | Der Menschensohn muß zwar seinen Weg gehen, wie die Schrift über ihn sagt. | Der Menschensohn muß zwar den Weg gehen, der ihm bestimmt ist. | |

Wenn die Schrift so etwas über ihn sagt
Dann darf und kann offenbar kein Mensch etwas dagegen machen.
Obwohl die Schriften etwas anderes sagen:

Psalm 22,17-19
Jesaja 53,1-12

| Doch weh dem Menschen, durch den der Menschensohn verraten wird. | Doch weh dem Menschen, durch den der Menschensohn verraten wird. | Aber weh dem Menschen, durch den er verraten wird. … | |

Weh dem armen Tropf, den dieser Gott zu seinem Werkzeug auserwählt!
Auf ewig muss er in der Hölle schmoren!
Weil Gott seinen Menschensohn nicht selbst verraten konnte?!
Zwei Evangelisten wussten sogar noch mehr:

| Für ihn wäre es besser, wenn er nie geboren wäre. | Für ihn wäre es besser, wenn er nie geboren wäre. | | |

Aber wenn Judas nicht geboren und Jesus nicht gekreuzigt worden wäre??
Dann wäre das Leben weiter gegangen ohne die vielen Christentümer …
Bei Markus und Lukas nannte Jesus den Verräter nicht. Seine Jünger fragten nicht.

| Da fragte Judas, der ihn verriet: Bin ich es etwa, Rabbi? | | | |
| Jesus sagte zu ihm: Du sagst es. | | | |

Judas fragte Jesus, ob er ihn verraten wird
Aber Jesus machte nichts dagegen?
Und auch den Jüngern war dieser Verrat zu unwichtig, um etwas dagegen zu tun?
Matthäus hatte gehört, was Jesus zu Judas sagte.
Auch Johannes an der Jesusbrust hörte mehr:

Der Satan fuhr in Judas. Bei Lukas und Johannes

Doch ein normaler Verrat war zwei Evangelisten nicht genug

Da musste noch etwas dazu kommen! Die wollten ihren Lesern noch mehr bieten:

Matthäus	Markus	Lukas	Johannes 13,2
			Es fand ein Mahl statt und der Teufel hatte Judas, dem Sohn des Simon Iskariot, schon ins Herz gegeben, ihn zu verraten und auszuliefern.

Was Johannes da mal wieder als einziger weiß!

In das Herz des Judas konnte er sehen,
und was der Teufel dort gemacht hatte.

Matthäus	Markus	Lukas 22,3	Johannes 13,26-27
			Jesus antwortete: Der ist es, dem ich den Bissen Brot, den ich eintauche, geben werde.
			Dann tauchte er das Brot ein, nahm es und gab es Judas, dem Sohn des Simon Iskariot.

War das Brot so hart? Oder Judas schon zahnlos? Oder warum das Eintauchen?

			Als Judas den Bissen Brot genommen hatte,

Hätte Judas diesen einen Bissen verweigern können?

Weil Jesus mal wieder vor dem Essen die Hände nicht gewaschen hatte?
Lukas 11,38 – (und seine Jünger auch nicht: *Matthäus 15,2 – Markus 7,2)*

		Der Satan aber ergriff Besitz von Judas, der zu den Zwölf gehörte.	fuhr der Satan in ihn.

Zweimal ergriff der Satan Besitz von Judas

Und ein Mensch kann einem so mächtigen Wesen das über natürlich nicht verbieten.
Judas war an dem, was er tat, nicht schuld, sondern der Satan.
Wenn Jesus ihm den Bissen Brot extra dafür gegeben hatte.

Wenn Gott die Ermordung seines Sohnes wollte?

Dann kann ein kleiner Mensch wohl nichts dagegen machen.

			Jesus sagte zu ihm:

Zu Judas, der vom Satan besessen war?
Zum Satan, der in Judas gefahren war?

			Was du tun willst, das tue bald.

Jesus wollte, dass geschah, was der Satan wollte?
Ja so ein Teufelskerl!

Das Gebet in Getsemani – Oder am Ölberg – Oder gar nicht

Von diesem berühmten Gebet weiß Johannes nichts, gar nichts, überhaupt nichts

Matthäus 26,37-40	Markus 14,33-37	Lukas 22,39-45
Und er nahm Petrus und die beiden Söhne des Zebedäus mit sich.	Und er nahm Petrus, Jakobus und Johannes mit sich.	… seine Jünger folgten ihm. Als er dort war,

Nur drei auserwählte Jünger – Oder alle seine Jünger

Da ergriff ihn Angst und Traurigkeit, und er sagte zu ihnen:	Da ergriff ihn Furcht und Angst, und er sagte zu ihnen:	sagte er zu ihnen:
Meine Seele ist zu Tode betrübt. Bleibt hier und wacht mit mir.	Meine Seele ist zu Tode betrübt. Bleibt hier und wacht!	
		Betet darum, daß ihr nicht in Versuchung geratet!

Was sagte Jesus? Was hat ein Evangelist vom anderen abgeschrieben?

Und er ging ein Stück weiter,	Und er ging ein Stück weiter,	Dann entfernte er sich von ihnen …
warf sich	warf sich	
		kniete
zu Boden	auf die Erde nieder	nieder

Hat Jesus sich auf die Erde geworfen? – Oder sich nur hingekniet?

und betete: Mein Vater, wenn es möglich ist,	und betete … Er sprach: Abba, Vater, alles ist dir möglich.	und betete: Vater, wenn du willst,
gehe dieser Kelch an mir vorüber.	Nimm diesen Kelch von mir!	nimm diesen Kelch von mir!
Aber nicht wie ich will, sondern wie du willst.	Aber nicht was ich will, sondern was du willst (soll geschehen).	Aber nicht mein, sondern dein Wille soll geschehen.
		Da erschien ihm ein Engel vom Himmel und gab ihm (neue) Kraft.

Nur ein Evangelist hat diesen Engel gesehen: Lukas

Der hatte ja auch schon den Engel Gabriel zur Schwängerung Marias geschickt. Und einen Engel zu den Hirten auf dem Felde. Und ein englisches Herr auch noch …

		… Schweiß war wie Blut, das auf die Erde tropfte.

Und auch sonst hat dieser Lukas viel schärfere Augen gehabt

Obwohl in der Nacht alle Katzen grau sind, sah er Jesu Schweiß, der wie Blut aussah. Dafür sah er nicht, dass Jesus nachher noch zweimal zum Beten wegging …

Und er ging zu den Jüngern zurück und fand sie schlafend.	Und er ging zurück und fand sie schlafend.	Nach dem Gebet … ging zu den Jüngern zurück und fand sie schlafend; …

Obwohl Jesus weggegangen war, obwohl er allein zu seinem Vater betete,

obwohl die (drei) Jünger alle eingeschlafen waren – sie hörten seine Worte trotzdem!

Die Gefangennahme Jesu: wer war dabei?

Matthäus 26,47	Markus 14,43	Lukas 22,47.52	Johannes 18,3-12
Während er noch redete, kam Judas, einer der Zwölf,	Noch während er redete, kam Judas, einer der Zwölf,	Während er noch redete, kam … Judas, einer der Zwölf, ging ihnen voran.	Judas holte
mit einer großen Schar von Männern,	mit einer Schar von Männern,	… eine Schar Männer; …	
			die Soldaten und die Gerichtsdiener
		Zu den Hohenpriestern aber,	
		den Hauptleuten der Tempelwache	
		und den Ältesten,	
			Die Soldaten, ihre Befehlshaber
			und die Gerichtsdiener der Juden
		die vor ihm standen,	nahmen Jesus fest,
		sagte Jesus: …	

Bei Matthäus und Markus eine Schar irgendwelcher Männer
Bei Lukas Hohenpriester, Hauptleute der Tempelwache und Älteste
Bei Johannes Soldaten, ihre Befehlshaber und Gerichtsdiener
Ein ziemliches Kuddelmuddel muss da geherrscht haben,
wenn die alle, wirklich alle da waren.
Ziemlich viel Aufwand für ein schwaches Männchen wie Jesus.

			und sie kamen dorthin mit Fackeln, Laternen
die mit Schwertern und Knüppeln bewaffnet waren;	die mit Schwertern und Knüppeln bewaffnet waren;	… seid ihr mit Schwertern und Knüppeln ausgezogen	und Waffen.
sie waren von den Hohenpriestern	Sie waren von den Hohenpriestern,		… der Hohenpriester und der Pharisäer …
	den Schriftgelehrten		
und den Ältesten des Volkes geschickt worden.	und den Ältesten geschickt worden.		

Nur Johannes dachte auch an Lichter.

Der Judas-Kuss. Nur bei Matthäus und Markus

Matthäus 26,48-50	Markus 14,44-46	Lukas 22,47-48	Johannes 18,4
Der Verräter hatte mit ihnen ein Zeichen verabredet und gesagt:	Der Verräter hatte mit ihnen ein Zeichen vereinbart und gesagt:		
Der den ich küssen werde, der ist es; nehmt ihn fest.	Der den ich küssen werde, der ist es; nehmt ihn fest,		
	führt ihn ab und lasst ihn nicht entkommen.		

Zwei Evangelisten wussten genau, was Judas den Männern gesagt hatte
Als ob sie dabei gewesen wären.

Sogleich ging er auf Jesus zu	Und als er kam, ging er sogleich auf Jesus zu	Er näherte sich Jesus,	
und sagte:	und sagte:		
Sei gegrüßt, Rabbi!	Rabbi!		
Und er küßte ihn.	Und er küßte ihn.		
		um ihn zu küssen.	

Zweimal küsste Judas Jesus, den Rabbi
Einmal wollte Judas ihn küssen
Einmal machte Judas nichts dergleichen

Jesus		Jesus aber	Jesus,
			der alles wusste, was mit ihm geschehen sollte, ging hinaus
erwiderte ihm:		sagte zu ihm:	und fragte sie:
Freund, dazu bist du gekommen?			
		Judas, mit einem Kuß verrätst du den Menschensohn?	
			Wen sucht ihr?

Jesus stellte zweimal eine dumme Frage an Judas?
Jesus, der alles wusste, was geschehen sollte, stellte eine ziemlich blöde Frage an die Männer?

Da gingen sie auf Jesus zu,	Da		
ergriffen ihn und nahmen ihn fest.	ergriffen sie ihn und nahmen ihn fest.		

Der berühmte Judaskuss! – In vier Evangelien dreimal geplant, zweimal getan

Vom Judaslohn kauften Hohenpriester den Töpferacker – Oder Judas ein Grundstück

Matthäus 27,3.5-8	Apostelgeschichte 1,15-19
Als nun Judas, der ihn verraten hatte, sah, daß Jesus zum Tod verurteilt war, reute in seine Tat. ...	

Reue hatte er aber nur in einem der vier Evangelien

	In diesen Tagen erhob sich Petrus im Kreis der Brüder – etwa hundert-zwanzig waren zusammen gekommen – und sagte: Brüder! ...

Statt der 12 Jünger des Menschensohns hatte Petrus bald 120 beisammen!

Petrus war ein viel besserer Menschenfischer als dieser Jesus Messias Gottessohn.

Weil er bessere Köder zum Anlocken der Fische hatte

Denn alle, die Grundstücke oder Häuser besaßen, verkauften ihren Besitz, brachten den Erlös und legten ihn den Aposteln zu Füßen.
Apostelgeschichte 4,34-35

Da warf er die Silberstücke in den Tempel; ... Die Hohenpriester nahmen die Silberstücke und ... beschlossen, von dem Geld den Töpferacker zu kaufen als Begräbnisplatz für die Fremden.	
	Mit dem Lohn für seine Untat kaufte er [Judas] sich ein Grundstück.

Entweder Matthäus oder Petrus, der erste Papst, hat gelogen. Oder beide.

Judas erhängte sich – Alle seine Eingeweide fielen heraus

Und dann musste Judas auch noch zweimal sterben

Ach diese Feindesliebe Jesu ...

... dann ging er weg und erhängte sich.	
	Dann aber stürzte er vornüber zu Boden, sein Leib barst auseinander, und alle Eingeweide fielen heraus.

Nicht nur, dass Judas zweimal starb, er starb auch noch zwei ganz verschiedene Tode. Dass sich jemand erhängt, kann ja mal vorkommen.

Aber wie kann man so stürzen, dass alle Eingeweide heraus fallen? Alle!?

	Das wurde allen Einwohnern von Jerusalem bekannt;
Deshalb heißt dieser Acker bis heute Blutacker.	deshalb nannten sie jenes Grundstück in ihrer Sprache Hakeldamach, das heißt Blutacker.

Offensichtlich wurde das Evangelium des Matthäus später geschrieben: „bis heute"
Petrus kannte noch den hebräischen Namen und übersetzte ihn ins Griechische?

Welche Geschichte ist falsch? Oder sind beide erfunden?

… um dadurch mehrere Schriftworte *nicht* zu erfüllen

Matthäus 27,9	Apostelgeschichte 1,16.20
So erfüllte sich, was durch den Propheten Jeremia gesagt worden ist:	
	Es musste sich das Schriftwort erfüllen, das der Heilige Geist durch den Mund Davids im voraus über Judas gesprochen hat. …
Sie nahmen die dreißig Silberstücke … *und kauften für das Geld den Töpferacker,* *wie* mir *der Herr befohlen hatte.*	
	Denn es steht im Buch der Psalmen: *Sein Gehöft soll veröden, niemand soll darin wohnen!*
	Und: *Sein Amt soll ein anderer erhalten.*

Aber was hatte Jeremia gesagt?

Aber was steht im Buch der Psalmen?

Jeremia 18,2 und 32,8-9	Buch der Psalmen 69,26 und 109,8-9
Mach dich auf und geh hinab in des Töpfers Haus.	
	Ihre Wohnstatt soll verwüstet werden, / und niemand wohne in ihren Zelten.
Da kam Hanamel … und sprach: Kaufe doch meinen Acker in Anatot, der im Lande Benjamin liegt; denn dir komme es zu, ihn zu erwerben und einzulösen; kaufe du ihn! Da merkte ich, daß es den Herrn Wort war, und kaufte den Acker von Hanamel, meines Oheims Sohn, und wog ihm das Geld dar, siebzehn Lot Silber.	
	Seiner Tage sollen wenige werden, / und sein Amt soll ein anderer empfangen. Seine Kinder sollen Waisen werden, / und sein Weib eine Witwe.

Das Haus eines Töpfers, ein Acker ganz woanders,
siebzehn Lot Silber statt dreißig Silberlinge:

Wohnstatt und Zelte von anderen Menschen,
Leben und Amt eines anderen,
Kinder die zu Waisen werden sollen
und ein Weib zur Witwe.

Gar nichts steht da von Judas!
Dreißig Silberlinge im Tempel gibt es bei

Sacharja 11,12-13
Und der HERR sprach zu mir: Wirf's hin dem Schmelzer! … Und ich nahm
die dreißig Silberstücke und warf sie ins Haus des HERRN, dem Schmelzer hin.
Aber auch was dort steht, passt überhaupt nicht zu den Ereignissen um Judas.

Das Verhör durch Kajaphas – Oder seinen Schwiegervater

Matthäus 26,57-68	Markus 14,53-65	Lukas 22,66-71	Johannes 18,12-27
Nach der Verhaftung führte man Jesus	Darauf führten sie Jesus	Als es Tag wurde,	… und führten ihn zuerst

Entweder sogleich mitten in der Nacht – Bei Lukas aber erst am Morgen

zum Hohenpriester Kajaphas,	zum Hohenpriester,		
			zu Hannas; er war nämlich der Schwiegervater des Kajaphas, …
bei dem sich die Schriftgelehrten und die Ältesten versammelt hatten.	und es versammelten sich alle Hohenpriester und Ältesten und Schriftgelehrten.	versammelten sich die Ältesten des Volkes, die Hohenpriester und die Schriftgelehrten,	
Die Hohenpriester und der ganze Hohe Rat bemühten sich um falsche Zeugenaussagen gegen Jesus, um ihn zum Tod verurteilen zu können.	Die Hohenpriester und der ganze Hohe Rat bemühten sich um Zeugenaussagen gegen Jesus, um ihn zum Tod verurteilen zu können;	also der Hohe Rat …	
Sie erreichten aber nichts, obwohl viele falsche Zeugen auftraten.	sie fanden aber nichts. Viele machten zwar falsche Aussagen über ihn,		

Mitten in der Nacht fanden sie diese vielen Zeugen. Bei zwei Evangelisten
Aber der Hauptzeuge? – Wo war Judas der so genannte Verräter?
Dieser Jünger hätte doch wirklich vieles und Wahres über Jesus sagen können!

	aber die Aussagen stimmten nicht überein.		

Genau so wie die Aussagen dieser vier Evangelisten nicht überein stimmen!

Da stand der Hohepriester auf und fragte Jesus:	Da stand der Hohepriester auf, … und fragte Jesus:		Der Hohepriester befragte Jesus über
Willst du nichts sagen zu dem, was diese Leute gegen dich vorbringen?	Willst du … nichts sagen zu dem, was diese Leute gegen dich vorbringen?		
			seine Jünger und über seine Lehre.

Über sich, über Jesus wurde Jesus befragt

Nein, über seine Jünger und Lehre

Jesus aber schwieg.	Er aber schwieg …		
			Jesus antwortete:
			Ich habe offen vor aller Welt gesprochen. Ich habe immer in der Synagoge und im Tempel gelehrt, wo alle Juden zusammenkommen. …
Die Bergpredigt und die Feldrede kommen bei Johannes nicht vor			
Darauf sagte der Hohepriester zu ihm:	Da wandte sich der Hohepriester … an ihn und fragte:		
Ich beschwöre dich bei dem lebendigen Gott,			
		Sie sagten zu ihm:	
sag uns: Bist du der Messias, der Sohn Gottes?	Bist du der Messias, der Sohn des Hochgelobten?	Wenn du der Messias bist, dann sag es uns!	
…		Er antwortete ihnen: Auch wenn ich es euch sage – ihr glaubt mir ja doch nicht …	
		Da sagten alle: Du bist also der Sohn Gottes.	
Jesus antwortete:	Jesus sagte:	Er antwortete ihnen:	
Du hast es gesagt.		Ihr sagt es –	
	Ich bin es.	ich bin es.	
Da zerriß der Hohepriester sein Gewand und riet:	Da zerriß der Hohepriester sein Gewand und rief:		…
		Da riefen sie:	
Er hat Gott gelästert! Wozu brauchen wir noch Zeugen? Ihr habt die Gotteslästerung gehört.	Wozu brauchen wir noch Zeugen? Ihr habt die Gotteslästerung gehört.	Was brauchen wir noch Zeugenaussagen? Wir haben es selbst aus seinem eigenen Mund gehört.	
Jesus, wärest du mal schönstill gewesen, dann hättest du nicht sterben müssen			
			Danach schickte ihn Hannas gefesselt zum Hohenpriester Kajaphas. …

Dreimal verhörte Kajaphas eindringlich vor versammelter Herrschaft
Einmal war Kajaphas nur die Zwischenstation zu Pilatus

Kein, ein oder zwei Meineid/e des Petrus – Bevor ein Hahn ein- oder zweimal krähte – Bei Lukas mit Rückblick

Petrus war nur vom Namen her ein fester Fels

Schon vor einer harmlosen Dienstmagd und später mit Paulus zog er den kürzeren: Dieser Simon Barjona Satan Kephas Fels Petrus war ein Wackel-Petrus.

Also warum die Bezeichnung Fels, wenn Petrus gar nicht fest war?

Vielleicht weil er so schlau war wie ein Stein? Oder so clever wie ein Klotz?

Matthäus 26,69-75	Markus 14,66-72	Lukas 22,54-62	Johannes 18,15-27
Petrus saß draußen im Hof. Da trat eine Magd zu ihm und sagte:	Als Petrus unten im Hof war, kam eine von den Mägden ... und sagte:	Eine Magd sah ihn am Feuer sitzen, schaute ihn genau an und sagte:	Da sagte die Pförtnerin zu Petrus:
Auch du warst mit diesem Jesus aus Galiläa zusammen.	Auch du warst mit diesem Jesus aus Nazaret zusammen.	Der war auch mit ihm zusammen.	Bist du nicht auch einer von den Jüngern dieses Menschen?
Doch er leugnete es vor allen Leuten und sagte:	Doch er leugnete es und sagte:	Petrus aber leugnete es und sagte:	Er antwortete:
Ich weiß nicht, wovon du redest.	Ich weiß nicht ... wovon du redest.	Frau, ich kenne ihn nicht.	Nein.
Bei Johannes hatte Petrus wenig zu sagen			
Und als er zum Tor hinausgehen wollte,	Dann ging er in den Vorhof hinaus.	Kurz danach	Simon Petrus aber
			stand (am Feuer) und wärmte sich.
sah ihn eine andere Magd			
	Als die Magd ihn dort bemerkte,		
		sah ihn ein anderer	
			(Die Knechte)
Wie viele Leute diesen Petrus noch mal bemerkt haben: vier verschiedene!			
und sagte zu denen, die dort standen:	sagte sie zu denen, die dabeistanden,	und bemerkte:	sagten zu ihm:
	noch einmal:		
Der war mit Jesus aus Nazaret zusammen.	Der gehört zu ihnen.	Du gehörst auch zu ihnen.	Bist nicht auch du einer von seinen Jüngern?
Wieder leugnete er	Er aber leugnete es wieder ab.	Petrus aber sagte:	Er leugnete und sagte:
und schwor:			
Ich kenne diesen Menschen nicht.		Nein, Mensch, ich nicht!	Nein.

Und wieder hatte Petrus bei Johannes wenig zu sagen

Bei Matthäus hat Petrus schon jetzt einen Meineid geschworen!

„gelitten unter Pontius Pilatus"

Kurz darauf kamen die Leute … zu Petrus und sagten:	Wenig später sagten die Leute … von neuem zu Petrus:	Etwa eine Stunde später behauptete wieder einer:	Einer von den Dienern des Hohenpriesters,
			ein Verwandter dessen, dem Petrus das Ohr abgehauen hatte, sagte:
Wirklich, auch du gehört zu ihnen, deine Mundart verrät dich.	Du gehörst wirklich zu ihnen; du bist doch auch ein Galiläer.	Wahrhaftig, der war auch ihm zusammen; er ist doch auch ein Galiläer.	
			Habe ich dich nicht im Garten bei ihm gesehen?

Johannes schrieb wieder anderes als die anderen

Da fing er an, sich zu verfluchen und schwor:	Da fing er an zu fluchen und schwor:	Petrus aber erwiderte:	Wieder leugnete Petrus,

Und noch mal. Trotz Jesu Schwörverbot in seiner ach so wichtigen Bergpredigt
Ich aber sage euch: Schwört überhaupt nicht …
Matthäus 5,34

Ich kenne den Menschen nicht.	Ich kenne diesen Menschen nicht, vom dem ihr redet.	Mensch, ich weiß nicht, wovon du sprichst.	
Gleich darauf krähte ein Hahn,	Gleich darauf krähte der Hahn zum zweitenmal,	Im gleichen Augenblick … krähte ein Hahn.	und gleich darauf krähte ein Hahn.

Krähte ein Hahn nun zum ersten- oder zum zweiten-mal?

		Da wandte sich der Herr um und blickte Petrus an.	

Bei Lukas durfte der Herr Jesus seinen Petrus noch einmal erblicken!

und Petrus erinnerte sich an das, was Jesus gesagt hatte:	und Petrus erinnerte sich, daß Jesus zu ihm gesagt hatte:	Und Petrus erinnerte sich an das, was der Herr zu ihm gesagt hatte:	
Ehe der Hahn	Ehe der Hahn zweimal	Ehe heute der Hahn	
kräht, wirst du mich dreimal verleugnen.	kräht, wirst du mich dreimal verleugnen.	kräht, wirst du mich dreimal verleugnen.	

Der katholische Festtag „Peter und Paul" wurde gut erfunden
Um die Meinungsverschiedenheiten zwischen diesen beiden Aposteln zu verstecken.
Denn die Gemeinsamkeiten bei den beiden waren so groß
wie die zwischen dem Alten Peter in München und St. Pauli in Hamburg:
Beide bieten angeblich himmlisches Vergnügen …
Bei beiden muss man dafür saftig bezahlen …

Die Anklage des Pilatus? – War nur eine Anfrage

Matthäus 27,11-26	Markus 15,1-5	Lukas 23,1-5	Johannes 18,33-35
Als Jesus vor dem Statthalter stand, fragte ihn dieser:	Pilatus fragte ihn:	Pilatus fragte ihn:	Pilatus … ließ Jesus rufen und fragte ihn:
Bist du der König der Juden?	Bist du der König der Juden?	Bist du der König der Juden?	Bist du der König der Juden?

Was für eine Übereinstimmung: in allen vier fragte Pilatus dasselbe!
Das ist irgendwie nicht zu fassen! – Das kann über natürlich nicht so bleiben!

Matthäus	Markus	Lukas	Johannes
Jesus antwortete:	Er antwortete:	Er antwortete:	Jesus antwortete:
Du sagst es.	Du sagst es.	Du sagst es.	
			Sagst du das von dir aus, oder haben es dir andere über mich gesagt?
Als aber die Hohenpriester	Die Hohenpriester		
und die Ältesten			
ihn anklagten,	brachten viele Anklagen gegen ihn vor.		
gab er keine Antwort.			

Die Hohenpriester und die Ältesten klagten Jesus an. Nicht Pilatus?

Matthäus	Markus	Lukas	Johannes
Da sagte Pilatus zu ihm:	Da wandte sich Pilatus wieder an ihn und fragte:	Da sagte Pilatus	Pilatus: entgegnete
	Willst du denn nichts dazu sagen?		
Hörst du nicht, was sie dir alles vorwerfen?	Sieh doch, wie viele Anklagen sie gegen dich vorbringen.		
			Bin ich denn ein Jude? Dein eigenes Volk und die Hohenpriester haben dich an mich ausgeliefert. Was hast du getan?
Er aber antwortete ihm auf keine einzige Frage, so daß der Statthalter sehr verwundert war.	Jesus aber gab keine Antwort mehr, so daß Pilatus sich wunderte.		
		zu den Hohenpriestern und zum Volk: …	

Aber der Jesus des Johannes redete doch noch einiges

Dreimal Verspotten unter Pilatus – Einmal unter Herodes

Matthäus 27,27-29	Markus 15,16-17	Lukas 23,6-11	Johannes 19,2
		Als Pilatus das hörte, fragte er, ob der Mann ein Galiläer sei. Und als er erfuhr, daß Jesus aus dem Gebiet des Herodes komme,	
		ließ er ihn zu Herodes bringen, der in jenen Tagen ebenfalls in Jerusalem war. Herodes freute sich sehr, als er Jesus sah ... denn er hatte von ihm gehört.	

Nur Lukas hat das mit Jesus bei Herodes herausgefunden. Oder erfunden?

		Nun hoffte er, ein Wunder von ihm zu sehen. Er stellte ihm viele Fragen, doch Jesus gab ihm keine Antwort.	

Weil Herodes ein Wunder sehen wollte, stellte er Jesus viele Fragen?

		Herodes	
Da nahmen die Soldaten des Statthalters	Die Soldaten	und seine Soldaten	
Jesus, führten ihn in das Prätorium, das Amtsgebäude des Statthalters,	führten ihn in den Palast hinein, das heißt in das Prätorium,		
und versammelten die ganze Kohorte um ihm.	und riefen die ganze Kohorte zusammen.		
		zeigten ihm offen ihre Verachtung.	
		Er trieb seinen Spott mit Jesus,	
Sie zogen ihn aus			

Wenn auch nur in einem Evangelium. Oder zwei

und legten ihm einen purpurroten Mantel um.	Dann legten sie ihm einen Purpur- mantel um ...	ließ ihm ein Prunkgewand umhängen	Die Soldaten ... legten ihm einen purpurroten Mantel um.
		und schickte ihn so zu Pilatus zurück.	

Der Farbstoff Purpur war in jenen Zeiten extrem teuer

Aber Soldaten haben einen Purpurmantel griffbereit? Um Jesus damit zu verspotten?

Einmal geißeln – Zweimal Spucke – Dreimal Dornenkranz – Nichts davon, bei Lukas

Matthäus 27,29-31a	Markus 15,17-20a	Lukas 23	Johannes 19,1-3
			Darauf ließ Pilatus Jesus geißeln.

Zwei andere Evangelisten wissen davon nur den Befehl, einer nichts davon

Matthäus 27,29-31a	Markus 15,17-20a	Lukas 23	Johannes 19,1-3
Dann flochten sie einen Kranz aus Dornen; den setzten sie ihm auf	… und flochten einen Dornenkranz; den setzten sie ihm auf		Die Soldaten flochten einen Kranz aus Dornen; den setzten sie ihm auf …

Wer möchte einen Kranz aus Dornen flechten? Römische Soldaten?

Matthäus 27,29-31a	Markus 15,17-20a	Lukas 23	Johannes 19,1-3
und gaben ihm einen Stock in die rechte Hand.			

Nur einmal erhielt Jesus einen Stock. Und er war Rechtshänder. Bei Matthäus

Matthäus 27,29-31a	Markus 15,17-20a	Lukas 23	Johannes 19,1-3
Sie fielen vor ihm auf die Knie			
			Sie stellten sich vor ihn hin
und … riefen.	und grüßten ihn:		und sagten:
Heil dir, König der Juden!	Heil dir, König der Juden!		Heil dir, König der Juden!

Offenbar hielten sie Jesus für einen normalen politischen Rebellen
Nicht für einen Propheten oder Gottes Sohn oder den Erlöser oder so was.

Matthäus 27,29-31a	Markus 15,17-20a	Lukas 23	Johannes 19,1-3
Und sie spuckten ihn an,	… und spuckten ihn an, …		
nahmen ihm den Stock wieder weg			
und schlugen ihm damit	Sie schlugen ihm mit einem Stock		Und sie schlugen
auf den Kopf.	auf den Kopf …		
			ihm ins Gesicht.
	… knieten vor ihm nieder und huldigten ihm.		
Nachdem sie so ihren Spott mit ihm getrieben hatten, nahmen sie ihm den Mantel ab	Nachdem sie so ihren Spott mit ihm getrieben hatten, nahmen sie ihm den Purpurmantel ab		
und zogen ihm seine eigenen Kleider wieder an.	und zogen ihm seine eigenen Kleider wieder an.		

Nur bei einem wusch Pilatus öffentlich seine Hände. Drei andere sahen das nicht
Matthäus 27,24

„gekreuzigt"

Jesus wurde ganz schön aufs Kreuz gelegt. Aber von wem?
Von der römischen Besatzungstruppe? Von den Juden? Von ihren Hohepriestern?
Von seinem himmlischen Vater? Oder hat er sich selbst ein Bein gestellt?
Seine vielen christlichen Kirchen lassen sich nicht so leicht festnageln wie er

Simon aus Zyrene trug Jesu Kreuz – Nicht bei Johannes

Matthäus 27,31-34	Markus 15,20b-27	Lukas 23,26-33	Johannes 19,16-17
Dann führten sie Jesus hinaus, um ihn zu kreuzigen.	Dann führten sie Jesus hinaus, um ihn zu kreuzigen.	Als sie Jesus hinausführten,	Sie übernahmen Jesus.
Auf dem Weg trafen sie einen Mann aus Zyrene namens Simon;	… Simon von Zyrene,	ergriffen sie einen Mann aus Zyrene namens Simon,	
	Einen Mann, der gerade vom Feld kam, …	der gerade vom Feld kam.	
	den Vater des Alexander und des Rufus,		
ihn zwangen sie, Jesus das Kreuz zu tragen.	zwangen sie, sein Kreuz zu tragen.	Ihm luden sie das Kreuz auf, damit er es hinter Jesus hertrage.	
		…	Er [Jesus] trug sein Kreuz und ging hinaus

Dreimal zwangen sie Simon aus Zyrene zum Kreuz tragen
So wie die Hirten ihr Kreuz gerne von ihren Schafen tragen lassen.

Der Jesus des Johannes war kräftiger als die drei anderen Jesuse

So kamen sie an den Ort, der Golgota genannt wird, das heißt Schädelhöhe.	Und sie brachten Jesus an einen Ort namens Golgota, das heißt übersetzt: Schädelhöhe.	Sie kamen zur Schädelhöhe;	zur sogenannten Schädelhöhe, die auf hebräisch Golgota heißt.

Viermal Schädelhöhe
So eine Übereinstimmung ist bei der Hilfe des Heiligen Geistes ein großes Wunder!

Und das Schweißtuch der Veronika?
Das es praktischerweise mehrmals gibt.
Obwohl in den vier Evangelien weder von einem Schweißtuch
noch von einer Veronika irgendetwas geschrieben steht.
Weil Veronika nur die Verballhornung ist von *vera Icona*: von *wahres Abbild*.

Jesus sprach zu Frauen von Jerusalem. Nur bei Lukas

Matthäus 27	Markus 15	Lukas 23,27-31	Johannes
		Es folgte eine große Menschen-menge, darunter auch Frauen, die um ihn klagten und weinten.	

Obwohl angeblich doch alle Juden diesen Jesus ans Kreuz liefern wollten?
Und nur ein Evangelist hat diese große Menschenmenge gesehen?

		Jesus wandte sich zu ihnen um und sagte:	
		Ihr Frauen von Jerusalem,	

Die Frauen aus Galiläa gingen nicht mit Jesus? Sie weinten und klagten nicht?
Nur irgendwelche anderen Frauen aus Jerusalem waren bei ihm?

		weint nicht über mich; Weint über euch und eure Kinder!	
		Denn es kommen Tage, da wird man sagen:	
		Wohl den Frauen, die unfruchtbar sind, die nicht geboren und nicht gestillt haben.	

Unschöne Zeiten kündigte Jesus den Frauen an, die um ihn weinten!
Es sei besser, keine Kinder zu kriegen! Es sei besser, keine Kinder zu haben!
Jesu Hirten verkünden heute das Gegenteil: viele Lämmer wollen sie.

		Dann wird man zu den Bergen sagen: Fallt auf uns!, und zu den Hügeln: Deckt uns zu!	
		Denn wenn das mit den grünen Holz geschieht, was wird dann erst mit dem dürren werden?	

Wie poetisch der Jesus des Lukas kurz vor seinem Tod noch sein konnte!
Zum Kreuz tragen war Jesus zu schwach. Aber eine Rede konnte er noch schwingen?
Auch wenn drei andere Evangelisten kein einziges dieser Worte mitgekriegt haben.

Wein mit Galle vergällt – Oder Wein mit Myrrhe gewürzt

Matthäus 27,34	Markus 15,23	Lukas 23	Johannes 19
Und sie gaben ihm Wein zu trinken,	Dort reichten sie ihm Wein,		
der mit Galle			
	der mit Myrrhe		
vermischt war;	gewürzt war,		
als er aber davon gekostet hatte,			
wollte er ihn nicht trinken.	er aber nahm ihn nicht.		

Wein mit bitterer Galle vergällt. – Wein mit aromatischer Myrrhe gewürzt.
Wer wird bei einer Heiligen Schrift denn kleinlich sein?

Sie verlosten Jesu Kleider – Oder nur sein Untergewand

Denn splitterfasernackt wurden die Verurteilten von den Römern gekreuzigt
Aber so darf Jesus über natürlich nicht gemalt werden.
Die Wahrheit?
Wer wird bei Gottes Wort und Schrift denn kleinlich sein?

Matthäus 27,35	Markus 15,24	Lukas 23,33-34	Johannes 19,23-24
Nachdem sie ihn gekreuzigt hatten,	Dann kreuzigten sie ihn.	... dort kreuzigten sie ihn ...	Nachdem die Soldaten Jesus ans Kreuz geschlagen hatten,
			nahmen sie seine Kleider und machten vier Teile daraus, für jeden Soldaten einen.
			Sie nahmen auch sein Untergewand, das von oben her ganz durchgewebt und ohne Naht war.
			Sie sagten zueinander: Wir wollen es nicht zerteilen,

Einmal verlosten sie nur sein Untergewand
Aber dreimal verlosten sie alle seine Kleider

Matthäus 27,35	Markus 15,24	Lukas 23,33-34	Johannes 19,23-24
warfen sie das Los	Sie warfen das Los	Dann warfen sie das Los	sondern darum losen,
und verteilten seine Kleider unter sich.	und verteilten seine Kleider unter sich	und verteilten seine Kleider unter sich.	...
	und gaben jedem, was ihm zufiel.		
			wem es gehören soll.
			So sollte sich das Schriftwort erfüllen:
			Sie verteilten meine Kleider unter sich und warfen das Los um mein Gewand.

Psalm 22,19
Aber David sang den Psalm über sich und meinte auch sich.
Das könnte man dort nachlesen statt Johannes blind zu glauben.
Kreuzigungen gab es zwar nicht täglich, aber Zig-Tausende starben damals so
Pontius Pilatus war berühmt-berüchtigt dafür.
Eine mehr oder weniger, darauf kam es ihm nicht an.
Die Evangelien berichten das über natürlich ganz anders:
An die Mächtigen haben sie sich schon damals herangemacht mit ihren Lügen.

Die vier Aufschriften an seinem einem Kreuz

Offenbar war Jesus in Jerusalem nicht sehr bekannt geworden.
Sonst hätte sein Kreuz eine Aufschrift oder eine Tafel oder ein Schild
doch gar nicht gebraucht.

Matthäus 27,37	Markus 15,26	Lukas 23,38	Johannes 19,19-20
			Pilatus ließ auch
Über seinem Kopf		Über ihm	
hatten sie eine Aufschrift angebracht,	Und eine Aufschrift (auf einer Tafel)	war eine Tafel angebracht;	ein Schild anfertigen und oben am Kreuz befestigen;
die seine Schuld angab:	gab seine Schuld an:		
		auf ihr stand:	die Inschrift lautete:
Das ist Jesus, der König der Juden	**Der König der Juden**	**Das ist der König der Juden**	**Jesus von Nazaret, der König der Juden**
			Dieses Schild lasen viele Juden, weil der Platz, wo Jesus gekreuzigt wurde, nahe bei der Stadt lag.
			Die Inschrift war hebräisch, lateinisch und griechisch abgefaßt.

Eine kurze Aufschrift richtig merken? –

War für vier Evangelisten zu schwierig!

Vier Evangelisten berichten von vier verschiedenen Inschriften …
Also müssen *mindestens drei* falsch sein. Und vielleicht sind alle vier falsch …

Jesus wurde ans Kreuz gehängt, weil er König der Juden sein wollte

Nicht weil er Sohn eines Gottes war, oder Erlöser dieser Welt werden sollte

			Die Hohenpriester der Juden sagten zu Pilatus: Schreib nicht: Der König der Juden, sondern daß er gesagt hat: Ich bin der König der Juden.
			Pilatus antwortete: Was ich geschrieben habe, habe ich geschrieben.

Was Johannes geschrieben hat, hat er erfunden

Die zwei Verbrecher – Und was einer sagte. Nur bei Lukas

Matthäus 27,39.44	Markus 15,27.32	Lukas 23,33.39-43	Johannes 19,18
Zusammen mit ihm wurden zwei Räuber gekreuzigt, der eine rechts von ihm, der andere links.	Zusammen mit ihm kreuzigten sie zwei Räuber, den einen rechts von ihm, den andern links.	… dort kreuzigten sie ihn und die Verbrecher, den einen rechts von ihm, den andern links.	Dort kreuzigten sie ihn und mit ihm zwei andere, auf jeder Seite einen, in der Mitte Jesus.

Was für eine herausragende Übereinstimmung!
Das kann über natürlich nicht so bleiben.

… die beiden Räuber, die man zusammen mit ihm gekreuzigt hatte.	Auch die beiden Männer, die mit ihm zusammen gekreuzigt wurden,		
		Einer der Verbrecher, die neben ihm hingen,	
… beschimpften ihn …	beschimpften ihn.		
		verhöhnte ihn: Bist du denn nicht der Messias? Dann hilf dir selbst und auch uns!	

Johannes hat nichts von den Verbrechern gehört
Obwohl der Lieblingsjünger direkt unterm Kreuz stand.
Dafür hat aber Lukas einzigartiges mitzuteilen

		Der andere aber wies ihn zurecht und sagte: Nicht einmal du fürchtest Gott? Dich hat doch das gleiche Urteil getroffen. Uns geschieht recht, wir erhalten den Lohn für unsere Taten; dieser aber hat nichts Unrechtes getan.	

Woher konnte dieser Verbrecher das wissen? War er mit Jesus herumgezogen?

		Dann sagte er: Jesus, denk an mich, wenn du in dein Reich kommst.	
		Jesus antwortete ihm: Amen, ich sage dir: heute noch wirst du mit mir im Paradies sein.	

Was für eine riesige Verführung zum Böse-Sein!
Der Verbrecher hat sich kurz vor seinem Tod noch an Jesus herangeschmeichelt. Und prompt wird ihm das Paradies versprochen. – Eine gute Taktik! Lohnenswert!

Jesu drei vorletzte Worte

Matthäus 27,46	Markus 15,34	Lukas 23,33-34	Johannes 19,28
Um die neunte Stunde	Und in der neunten Stunde		
rief Jesus laut:	rief Jesus mit lauter Stimme:		
		Jesus aber betete:	
			Danach, als Jesus wußte, daß nun alles vollbracht war,
			sagte er,

Jesus rief laut – Jesus betete – Jesus sagte

Eli, Eli, lema sabachtani?,	Eloi, Eloi, lema sabachtani?,		
das heißt:	das heißt übersetzt:		
Mein Gott, mein Gott, warum hast du mich verlassen?	Mein Gott, mein Gott, warum hast du mich verlassen?		

Sein Gott hat ihn verlassen, jammerte Jesus
Zweimal. In seiner Muttersprache. (Oder Gott-Vater-Sprache?)
Aber dieser Jesus hatte seinen Opfertod doch angeblich selbst angekündigt …
Wie konnte dieses Drittel Gottes von sich selbst verlassen worden sein?
Wie kann der Gottessohn Jesus seinen Gott so anklagen?
Wusste Jesus wirklich nicht, dass und warum er sterben *musste*?
Dass Gott, der Allmächtige, nur durch den qualvollen Tod seines Sohnes
irgendjemand irgendwann irgendwie von irgendetwas erlösen konnte?

		Vater, vergib ihnen, denn sie wissen nicht, was sie tun.	

Lukas hörte eine Bitte Jesu um Vergebung
Hätte sein allwissender Vater sonst nicht gewusst, dass er ihnen vergeben muss?
Wussten seine Kreuziger wirklich nicht, was sie taten: einen Menschen kreuzigen? –
Dass sie dadurch der sündigen Welt die Erlösung brachten, das wussten sie nicht.
Aber brauchten sie denn dafür die Vergebung des Vaters? Eher eine große Belohnung!

			damit sich die Schrift erfüllte:
			Mich dürstet.

Bei Johannes möchte Jesus nur einen letzten Drink bestellen
Aber nicht, weil Jesus jetzt Durst bekommen hatte,
sondern wegen der Schrift: weil König David gesungen hatte, dass er durstig war:
Psalm 22,16 und *Psalm 69,22*

„gestorben"

Dreimal eine dreistündige Finsternis über dem ganzen Land – Oder der Jünger, den Jesus liebte, wurde sein Adoptivbruder

Matthäus 27,45	Markus 15,33	Lukas 23,44	Johannes 19,26-27
Von der sechsten bis zur neunten Stunde herrschte eine Finsternis im ganzen Land.	Als die sechste Stunde kam, brach über das ganze Land eine Finsternis herein. Sie dauerte bis zur neunten Stunde.	Es war etwa um die sechste Stunde, als eine Finsternis über das ganze Land hereinbrach. Sie dauerte bis zur neunten Stunde.	
		Die Sonne verdunkelte sich.	

Drei Stunden Finsternis sahen drei Evangelisten im ganzen Land
Eine wirklich gute Übereinstimmung. Äußerst selten!
Eine Sonnenfinsternis ist erheblich kürzer.
Aber vielleicht waren es auch nur viele dicke, dunkle Regenwolken.
Und Jesu Jünger wollten nicht nass werden, und blieben deswegen in Jerusalem.

Der Lieblingsjünger, direkt unterm Kreuz, hat nicht schwarz gesehen
Im Gegenteil:
er wurde zum Bruder dieses Jesus ernannt.

			Als Jesus seine Mutter sah und bei ihr den Jünger, den er liebte,
			sagte er zu seiner Mutter: Frau, siehe, dein Sohn!
			Dann sagte er zu dem Jünger: Siehe, deine Mutter!
			Und von jener Stunde an nahm sie der Jünger zu sich.

Der Lieblingsjünger stand unter dem Kreuz
Der Lieblingsjünger wurde Adoptivbruder Jesu
Auch wenn er den Namen seiner Adoptivmutter nicht aufgeschrieben hat.
Nicht ein einziges Mal!
Drei andere Evangelisten haben Jesu Mutter und Lieblingsjünger nicht gesehen.
Kann ja mal vorkommen. Bei Gott! Und seinem Wort.

Jesu letzter Trank war Essig. Von einem oder mehreren

Und dann? Ein letzter im Hängen

Matthäus 27,47-49	Markus 15,35-36	Lukas 23,36	Johannes 19,29-30
		Auch die Soldaten verspotteten ihn;	
Einige von denen, die dabeistanden und es hörten, sagten: Er ruft nach Elija.	Einige von denen, die dabeistanden und es hörten, sagten: Hört, er ruft nach Elija.		

Wenn ein Gekreuzigter nach Elija gerufen hat?

Oder wenn er nicht nach Elija gerufen hat?

Dann gibt man ihm Saures. Dann auch!

Trinken war das vorletzte, was Jesus tat

Fresser und Säufer war er öfters genannt worden …

Matthäus 27,47-49	Markus 15,35-36	Lukas 23,36	Johannes 19,29-30
Sogleich lief einer von ihnen hin,	Einer lief hin,		
		Sie	Sie
tauchte einen Schwamm in	tauchte einen Schwamm in		steckten einen Schwamm mit
		traten vor ihn hin, reichten ihm	
Essig,	Essig,	Essig	Essig
steckte ihn auf einen Stock,	steckte ihn auf einen Stock,		auf einen Ysopzweig
und gab Jesus zu trinken.	und gab Jesus zu trinken.		und hielten ihn an seinen Mund.

Zweimal gab *einer* Jesus Essig

Zweimal gaben *sie* Jesus Essig

Wie viele Männer wohl dem einen Jesus gleichzeitig Essig reichen konnten?

Matthäus 27,47-49	Markus 15,35-36	Lukas 23,36	Johannes 19,29-30
Die anderen sagten:			
	Dabei sagte er:		
		und sagten:	
Laß doch, wir wollen sehen, ob Elija kommt	Laßt uns doch sehen, ob Elija kommt		
und ihm hilft.			
	und ihn herabnimmt.		
		Wenn du der König der Juden bist, dann hilf dir selbst!	

Die anderen sagten – Der eine sagte – Die Soldaten sagten – Niemand sagte etwas

Ach diese Offenbarungen! Diese göttlichen Botschaften! Diese Heiligen Schriften!

Wie unglaublich unglaubwürdig.

Jesu letzte, laute Schreie – Oder letzte, verschiedene Worte

Hat sich diese einzigartige Szene den Jüngern Jesu unvergesslich eingeprägt?

Matthäus 27,50	Markus 15,37	Lukas 23,46	Johannes 19,30
Jesus aber	Jesus aber	… und Jesus	Als Jesus von dem Essig genommen hatte,
schrie	schrie		
		rief	
			sprach er:
noch einmal			
laut auf.	laut auf.	laut:	
		Vater, in deine Hände lege ich meinen Geist.	
			Es ist vollbracht!

Die Sterbensworte jenes Jesus

Zwei laute Schreie – Ein Schrei – Ein laut gerufener Satz – Ein gesprochener Ausruf
Noch nicht einmal darin stimmen die vier Evangelisten überein!

Richtig hinhören oder schreiben konnten sie nicht

Aber ganz fest glauben muss man ihnen?
Sagen die Priester und Theologen, die an diesem Glauben verdienen.

Das Aushauchen des Geistes – Der Riss des Tempelvorhangs Nicht bei Johannes

Matthäus 27,50-51	Markus 15,37-38	Lukas 23,46.45	Johannes 19,30
Dann	Dann	Nach diesen Worten	
			Und er neigte das Haupt
hauchte er	hauchte er	hauchte er	
			und gab
den Geist aus.	den Geist aus.	den Geist aus.	seinen Geist auf.

Man wundere sich zu Tode: in allen Evangelien ist Jesus dann ohne Geist

Diese Übereinstimmung bedeutet andererseits nicht allzu viel:
So sagten sie damals halt zum den letzten Schnaufer machen.
Und Johannes hat wieder eine Extra-Wurst: sein Jesus *gibt seinen* Geist auf.

Da riß der Vorhang im Tempel von oben bis unten entzwei.	Da riß der Vorhang im Tempel von oben bis unten entzwei.	Der Vorhang im Tempel riß mitten entzwei …	

Und danach oder bei Lukas davor oder bei Johannes nicht:
Da zerriss sich dieser Vorhang. – Oh wie wunderbar theatralisch!

Die Erde bebte, Felsen spalteten und Gräber öffneten sich, viele entschlafene Heilige wurden auferweckt ...

Matthäus 27,51-53	Markus 15	Lukas 23	Johannes 19
Die Erde bebte, die Felsen spalteten sich.			
Die Gräber öffneten sich, und die Leiber vieler Heiligen, die entschlafen waren, wurden auferweckt.			

Matthäus hat viel mehr zu bieten als die anderen drei
Ein Extra-Erdbeben, nur bei ihm, bei dem sogar Felsen sich spalteten! Und Gräber sich öffneten, und viele entschlafene Heilige erweckt wurden, mitsamt ihren Leibern. – Wie viele das wohl waren? Wenn Matthäus sie nicht zählen konnte? Welche Menschen schon damals heilig waren? Bevor der Vatikan sie dazu machte?

... und verließen später ihre Gräber und erschienen vielen – Aber nur bei Matthäus

Nach der Auferstehung Jesu verließen sie ihre Gräber,			

Bis zur Auferstehung Jesu
sind sie noch in ihren Gräbern herumgelegen.
Damit der Leichengeruch etwas abnahm? Oder wozu?
Hatten sie in dieser Zeit keinen Durst und keinen Hunger?
Und so weiter?

kamen in die Heilige Stadt und erschienen vielen.			

Dann spazierten diese Leichen umher: als Gerippe oder noch mit Haut und Haar?
Und sie erschienen vielen – Hollywood könnte es nicht besser.
Nur schade, dass kein anderer Mensch das gesehen hat.
Kein einziger. Noch nicht einmal ein anderer Evangelist.
Nur Matthäus. Ganz und gar alleine der.
Und was geschah danach mit diesen Zombies?
Gingen sie essen und trinken?
Starben sie bald wieder? Oder lebten sie noch ein paar Jahre? Oder was?
Wirklich seltsam, seltsam, seltsam.
Aber heilig, heilig, heilig!

Was der Hauptmann und seine Männer sahen und sagten –
Johannes sah und hörte sie nicht

Matthäus 27,54	Markus 15,39	Lukas 23,47	Johannes 19
Als der Hauptmann	Als der Hauptmann	Als der Hauptmann	
und die Männer, die mit ihm zusammen Jesus bewachten,			
das Erdbeben bemerkten			

Schade, dass kein anderer Evangelist diese Männer bemerkte.
Seltsam, dass kein anderer Mensch dieses Erdbeben bemerkte.
Und der vierte Evangelist hat davon überhaupt nichts bemerkt.

und sahen, was geschah,	ihn auf diese Weise sterben sah,	sah, was geschehen war,	
erschraken sie sehr			
		pries er Gott	
und sagten:			
	sagte er:	und sagte:	
Wahrhaftig, das war	Wahrhaftig, dieser Mensch war	Das war wirklich	
Gottes Sohn!	Gottes Sohn!		
		ein gerechter Mensch!	

Ein Hauptmann und seine Leute sprachen von Gottes Sohn.
Ein Hauptmann sprach von Gottes Sohn.

Ein Hauptmann sprach von einem gerechten Menschen.
Direkt unterm Kreuz hörte Johannes keinen Hauptmann.

So ist das Wort Gottes: Sehen wer nicht da ist!
Aber dafür nicht sehen, wer da ist!

Und dass ein Hauptmann der Römer so etwas sagte,
jemand der viele Götter und ihre vielen Söhne kannte –

das ist irgendwie kaum zu glauben.

Darum *muss* man dran glauben!
Man muss, muss, muss!

Muss man? –
Sterben muss man,
und sich mit seinen Nachbarn vertragen.

Glauben müssen nur die Schafe der Hirten …

Es waren dabei: viele Frauen – einige Frauen – alle seine Bekannten, auch Frauen – vier Frauen und der geliebte Jünger

Matthäus 27,55-56	Markus 15,40-41	Lukas 23,49	Johann. 19,25-26
		Alle seine Bekannten aber	
Auch viele Frauen	Auch einige Frauen	… auch die Frauen, …	
waren dort und sahen von weitem zu;	sahen von weitem zu,	standen in einiger Entfernung (vom Kreuz),	
			Bei dem Kreuz Jesu standen

Viele Frauen – Einige Frauen, noch viele andere Frauen –
Alle seine Bekannten, auch die Frauen – Vier Frauen und der Lieblingsjünger
Sahen von weitem zu – Sahen von weitem zu –
Standen in einiger Entfernung – Standen beim Kreuz Jesu
Weit weg. Oder etwas näher. Oder unter dem Kreuz

sie waren Jesus seit der Zeit in Galiläa nachgefolgt	sie waren Jesus schon in Galiläa nachgefolgt	… die ihm seit der Zeit in Galiläa nachgefolgt waren	
und hatten ihm gedient.	und hatten ihm gedient.		

Die Frauen hatten Jesus gedient
Zweimal wird das gesagt.
Womit wohl klar ist, dass Frauen auch heute zu dienen haben.
Jesus wollte das so!

			seine Mutter
			und die Schwester seiner Mutter,
			Maria, die Frau des Klopas
Zu ihnen gehörten Maria aus Magdala,	darunter Maria aus Magdala,		und Maria von Magdala.
Maria, die Mutter des Jakobus und des Josef,	Maria, die Mutter von Jakobus dem Kleinen und Joses,		
und die Mutter der Söhne des Zebedäus.			
	sowie Salome; …		
	Noch viele andere Frauen waren dabei, …		
			… bei ihr den Jünger, den er liebte …

Maria aus Magdala hat in drei der vier Evangelien zugeschaut. Immerhin.
Ansonsten herrscht Verwirrung über die Frauen. Oder allen seinen Bekannten.

Blut da und Wasser dort: beim Seitenstich des Johannes

Matthäus 27	Markus 15	Lukas 23	Johannes 19,33-35
			Als sie aber zu Jesus kamen und sahen, daß er schon tot war,
			zerschlugen sie ihm die Beine nicht, sondern einer der Soldaten stieß mit der Lanze in seine Seite,

Nur Johannes sah den Stich in Jesu *Seite*
(nicht in sein *Herz)*

			und sogleich kam Blut und Wasser heraus.

Beides schön säuberlich getrennt
Ganz und gar nicht vermischt! Nein-nein!
Die drei anderen haben diesen Seitenstich nicht gesehen.
Und kein heraus kommendes Blut. Nicht einmal Wasser.

			Und der, der es gesehen hat, der hat es bezeugt, und sein Zeugnis ist wahr.
			Und er weiß, daß er Wahres berichtet,

Nicht nur hat einer das selbst gesehen
Er hat es auch bezeugt,
und sein Zeugnis ist wahr!
Und er berichtete sogar Wahres!
Was wohl so zu verstehen ist, dass die drei anderen Evangelisten
etwas Unwahres berichteten: dass diese drei gelogen haben!
Danke Johannes!

Welche Leute sagen am häufigsten, dass sie die Wahrheit sagen?
Lügner und Betrüger und all die anderen, die nicht die Wahrheit sagen!

			damit auch ihr glaubt.

Nicht um Wahres zu berichten.
Nein, damit andere glauben.

Und wer noch?
Glaubende, die lügen, um andere zu ihrem Glauben zu bringen.

Jesu qualvolles Sterben: ein Beweis der Liebe Gottes?

Schlucken die Schafe das, dann können die Hirten ihnen auch alles andere andrehen.

Liebe ist ... wenn ein allmächtiger Gott seinen Sohn massakriert haben will?[1]

Gott Vater bewies seine tiefe Liebe, indem er Sohn Jesus brutal krepieren ließ?

Was für eine Perversion der Liebe! So etwas überhaupt als Liebe zu bezeichnen!

Konnte ein lieber Gott seine Liebe nicht zeigen, indem er Leiden verringert,
anstatt noch mehr Leid zu erzeugen?

Wenn er die Menschen liebt, dann würde er ihnen in ihrem Leid helfen,
nicht aber noch einen mehr leiden lassen!

Welcher Chef ist gut? Der seinen Untergebenen seine Liebe beweisen will
und dafür seinen Sohn verrecken lässt?

Obwohl er alles andere hätte machen können?

Wenn ein alter Herr beweisen will, dass er mich liebt, soll ich ihm das glauben
wenn er seinen Sohn umbringt?

Als einen Beweis seiner großen Liebe umbringt?

Selbst wenn er ihn danach wieder beleben könnte,
würde ich ihm seine angebliche „Liebe" nicht glauben!

Wieso hat ein allwissender Gott keine bessere Idee, um seine Liebe zu zeigen?

Gott, der Marias Sohn am Kreuz krepieren sehen wollte. – Aus Liebe?

Gott liebt sterbende Kinder

Sogar sein Sohn musste krepieren

Und Gottes hohe Kindersterblichkeit ist erst seit 100 Jahren besiegt;
Zumindest bei den weniger Religiösen.

Wer kann einen Gott lieben, der seinen Sohn zu einem qualvollen Tod verurteilt?

Einen angeblich allmächtigen Gott, der mit seiner Allmacht
doch eigentlich einen besseren Weg hätte finden können,
wenn er Menschen von irgend etwas erlösen will.

Ach dieser arme allmächtige Gott! Musste seinen Sohn massakrieren lassen
um die Welt von irgendwas erlösen zu können.

Die christliche Leit-Kultur war eine Leid-Kultur (solange sie genug Macht hatte)

Für jemand, der die Welt erlösen darf und kann, jammerte jener Jesus viel zuviel

Jeder normale Mensch wäre stolz auf eine solch verantwortungsvolle Aufgabe,
und würde versuchen, sie mit Tapferkeit und Anstand auszuführen.

Noch dazu, wenn nach drei Tagen alles vorbei ist,
und er dann wieder im Himmel thronen wird.

Nicht so jener Jesus Möchte-gern-Messias.

Was beweist die Kreuzigung, die damalige Strafe der Römer für Aufrührer?

Nur eines:

Dass Jesus für einen politischen Aufrührer gehalten wurde.

---

[1] Konrad Riggenmann: *Kruzifix und Holocaust*
Über die erfolgreichste Gewaltdarstellung der Weltgeschichte
Espresso Verlag, Berlin, 2002, ISBN 3-88520-805-9
Liebe predigen, aber Gewalt auslösen: Hier steht gedruckt, wie das christlich geht!

Welche Schuld trifft den so genannten „Verräter" Judas?
Wenn der allmächtige Gott darauf besteht, dass sein Sohn am Kreuz krepiert: keine.
Christen müssten Judas preisen und danken. Und Kajaphas und Pilatus ebenfalls!
Die Juden sind schuld an der Hinrichtung Jesu. Steht in den Evangelien
Die vier Schreiber biederten sich den Mächtigen, den Römern, an.
Besonders gut war dabei jener Johannes, der Adoptivbruder Jesu.
Doch Pontius Pilatus hat wahrscheinlich mehrere tausend Menschen kreuzigen lassen.
Die selbstverständliche, grundsätzliche Verherrlichung der Gewalt im Kreuz
Ohne jenes Leiden kann es keine Erlösung und kein Heil geben.
Wenn Jesus nicht gekreuzigt worden wäre, hätte er dann ewig gelebt?
Oder hätte Gott-Vater seinen Sohn dann eigenhändig umbringen müssen?
Anstatt diese Drecksarbeit den Juden und Römern zu überlassen?
Wenn die Todesstrafe schon zu Jesu Zeiten abgeschafft gewesen wäre
Hätte er dann seine Gläubigen nicht erlösen können?
Gäbe es keine Erlösung, wenn er an Hunger oder Herzinfarkt gestorben wäre?
Hätte der allmächtige Gott die Welt dann nicht von etwas erlösen können?
Und wenn er es gekonnt hätte, warum dann das ganze: Mord und Auferweckung?
Die Kreuzigung: das ach so große Opfer Jesu?
Jesus musste längstens zwei Nächte tot sein. Wo also ist das große Opfer?
Es war ungefragt, nicht bestellt, es wird aufgedrängt.
Es erzeugt Druck zur Gegenleistung: Befolgen seiner unerfüllbaren Gebote.
Und da kein Mensch die allzu vielen und völlig wirren Gebote Jesu halten kann
braucht man Absolution durch die Hirten: gegen Bezahlung!
Heute sagt man das nicht mehr so klar und deutlich wie früher.
Gekreuzigt für mich? Für uns? Für alle Menschen?
Und wenn sich morgen jemand seine Hand abhacken lässt, angeblich für mich?
Soll ich dafür auch dankbar sein?
Obwohl er nichts wirklich Liebes machte?
Weil er mich dadurch zu etwas zwingen will?
Sein Tod am Kreuz: eine unbestellte Sendung, die der Empfänger bezahlen soll
Und von der die Übermittler profitieren. Wer soll das bezahlen? Wer hat das bestellt?
Jesu brutale Ermordung war gut, glauben Christen. Mord als Werk der Liebe!
Ein Mord aus Liebe? Ein qualvoller Tod aus Liebe?
Das kann man kaum glauben. Und auch noch dafür zahlen: Kirchensteuer?
Die Idee, durch ein Opfer Schlimmeres abwenden zu können
Was für eine perverse Verdrehung von Gerechtigkeit! Bestechung, Korruption ist das!
Jesus sei für andere gestorben? Sicher ist nur, dass er von anderen lebte
Nicht von seiner eigenen Hände Arbeit, sondern von Frauen und Zöllnern.
Wenn einer am Kreuz krepierte – kann das Grund zu Freude sein? Wirklich?
Sich gut und heil und erlöst fühlen, weil ein Mensch qualvoll getötet wurde?
Was soll man dazu sagen: Unmenschlich? Brutal? Pervers?
Alles das.
Und bitte, wer wurde denn erlöst? Wann? Wo? Wovon? Was war danach besser?
Nun ja, die vielen christlichen Priester müssen nicht arbeiten …

„und begraben"

Obwohl die Wiederbelebung am Kreuz, vor aller Augen, toller gewesen wäre …
Wer hat 's gemacht: Jesu Jünger? Über natürlich nicht!
Das hier war Mühe und Arbeit! Kein Predigen und Abkassieren.

Der eine Josef aus Arimathäa – In *allen vier* Evangelien!

Matthäus 27,57-58	Markus 15,42-43	Lukas 23,50-52	Johannes 19,38
Gegen Abend kam ein reicher Mann	… und es schon Abend wurde,		
	… ein vornehmer Ratsherr …		
		Damals gehörte zu den Mitgliedern des Hohen Rates	
			… war ein Jünger Jesu …
aus Arimathäa namens Josef.	ging Josef von Arimathäa	ein Mann namens Josef, der aus der jüdischen Stadt Arimathäa stammte.	Josef aus Arimathäa …
	der auch auf das Reich Gottes wartete	Er wartete auf das Reich Gottes	
		und hatte dem, was die anderen beschlossen und taten, nicht zu-gestimmt, weil er gut und gerecht war.	
			… aber aus Furcht vor den Juden nur heimlich.

Reicher Mann – vornehmer Ratsherr – Mitglied des Hohen Rates – Jünger Jesu
Was für ein Wunder, dass Name und Herkunft jenes Mannes übereinstimmen!

Er ging zu Pilatus und bat um den Leichnam Jesu.	zu Pilatus und wagte es, um den Leich-nam Jesu zu bitten.	Er ging zu Pilatus und bat um den Leichnam Jesu.	Er bat Pilatus, den Leichnam Jesu ab-nehmen zu dürfen,
Da befahl Pilatus, ihm den Leichnam zu überlassen.			und Pilatus erlaubte es.

Alle vier Evangelien stimmen überein: was für ein überaus seltenes Wunder!
Die Leiche wurde jenem Josef überlassen, kein Jünger Jesu interessierte sich dafür.
Anders als Jesu Jüngern war jenem Josef die Leiche Jesu nicht völlig egal
Er wollte die Leiche haben. Nur um sie zu begraben? Oder für etwas anderes?
Das interessierte damals niemanden. Und das darf heute niemanden interessieren!

Die Abnahme vom Kreuz in ein neues, reines Leinen-Tuch – Oder mit etwa 100 Pfund Myrrhe und Aloe in Leinen-Binden

Matthäus 27,59	Markus 15,46	Lukas 23,53	Johannes 19,38-40
Josef	Josef	Und er	Also kam er
	kaufte ein Leinentuch,		

Markus wusste mehr darüber
Vielleicht ist in irgendeinem Reliquienschrein noch der Kassenbon …

Matthäus 27,59	Markus 15,46	Lukas 23,53	Johannes 19,38-40
nahm ihn	nahm Jesus vom Kreuz,	nahm ihn vom Kreuz,	und nahm den Leichnam ab.
			Es kam auch Nikodemus, der früher einmal Jesus bei Nacht aufgesucht hatte.

Johannes weiß etwas mehr
Er hat auch den Nikodemus dabei gesehen.
So wie auch nur Johannes das Gespräch bei Nacht
zwischen Jesus und dem Pharisäer Nikodemus belauscht hatte:
Johannes 3,1-21

Matthäus 27,59	Markus 15,46	Lukas 23,53	Johannes 19,38-40
			Er brachte eine Mischung aus Myrrhe und Aloe, etwa hundert Pfund.
			Sie nahmen den Leichnam Jesu und
und hüllte ihn		hüllte ihn	
	wickelte ihn		umwickelten ihn
in ein reines			
Leinentuch.	in das Tuch	in ein Leinentuch	
			mit Leinenbinden,

Ein Leinentuch: ein reines oder ein neu gekauftes oder irgendeines
Aber einmal Leinenbinden.

Matthäus 27,59	Markus 15,46	Lukas 23,53	Johannes 19,38-40
			zusammen mit den wohlriechenden Salben, wie es beim jüdischen Begräbnis Sitte ist.

Nur einmal wurde Jesus gesalbt
Obwohl es jüdische Sitte war, wussten die drei anderen nichts davon?
Obwohl Myrrhe und Aloe zur Unsitte, zum Ehebruch, gebraucht wurden?
Ich habe mein Bett schön geschmückt mit bunten Decken aus Ägypten.
Ich habe mein Lager mit Myrrhe besprengt, mit Aloe und Zimt.
Komm, laß uns kosen bis an den Morgen und laß uns die Liebe genießen.
Denn der Mann ist nicht daheim, er ist auf eine weite Reise gegangen.
Die Sprüche Salomos 7,16-19

Dreimal Einlegen in zwei neue und ein eigenes Felsengrab – Oder Beisetzen in ein neues Gartengrab, bei Johannes

Matthäus 27,60	Markus 15,46	Lukas 23,53	Johannes 19,41-42
			An dem Ort, wo man ihn gekreuzigt hatte, war ein Garten, und in dem Garten

Johannes hat wieder Extra-Kenntnisse

Matthäus 27,60	Markus 15,46	Lukas 23,53	Johannes 19,41-42
Dann legte er ihn	und legte ihn	und legte ihn	
	in ein		
in ein neues			war ein neues
Grab,	Grab,	in ein Felsengrab,	Grab,
		in dem noch niemand bestattet worden war.	in dem noch niemand bestattet worden war.
das er für sich selbst			
in einen Felsen hatte hauen lassen.	das in einen Felsen gehauen war.	… in ein Felsengrab, …	

Offenbar war da

ein Felsengarten da

Matthäus 27,60	Markus 15,46	Lukas 23,53	Johannes 19,41-42
			Wegen des Rüsttages der Juden und weil das Grab in der Nähe lag, setzten sie Jesus dort bei.

Nicht etwa, weil es ein neues Felsengrab war

Matthäus 27,60	Markus 15,46	Lukas 23,53	Johannes 19,41-42
Er wälzte einen großen Stein vor den Eingang des Grabes	Dann wälzte er einen Stein vor den Eingang des Grabes.		
Und ging weg.			

Und nie wieder hat man von diesem Josef von Arimathäa
irgendwann irgendwo irgendetwas
gesehen oder gehört

Alles was dieser Josef wollte und machte war,
Jesus in sein Grab zu legen.

Sonst wollte er nichts und machte er nichts.
Überhaupt gar nichts?

Die Evangelien wissen nichts.

Zwei Marias saßen – Oder die zwei Marias beobachteten – Oder die Frauen aus Galiläa sahen zu – Oder keine Frauen

Sonst machten sie nichts?

Sie, die früher Jesus und seine Jünger
mit ihrem Geld unterstützt hatten …
mit ihrer Arbeit verpflegt hatten …
Sie, die Jesus gedient hatten, machten nun:

nichts.

Fast nichts.

Nur mal schauen …

Matthäus 27,61	Markus 15,47	Lukas 23,55	Johannes 19
Auch Maria aus Magdala	Maria aus Magdala aber		
und die andere Maria waren dort;	und Maria, die Mutter des Joses,		
		Die Frauen, die mit Jesus aus Galiläa gekommen waren,	
		gaben ihm das Geleit	
sie saßen dem Grab gegenüber.	beobachteten, wohin der Leichnam gelegt wurde.	und sahen zu, wie der Leichnam in das Grab gelegt wurde.	

Nur gucken!

**Maria, die Mutter Jesu, hält ihren toten Sohn auf dem Schoß:
die Pietà!**

Was für ein schönes Bild und eine noch berühmtere Statue:

von Michelangelo

Aber seine Mutter hat den toten Jesus nie gehalten!

Nicht einmal bei seinem Stiefbruder Johannes.

Aber Christen wollen und sollen glauben!

Auch wenn es nie gewesen ist oder sein wird.

*

Ob Jesus wieder lebendig geworden wäre, wenn er am Kreuz geblieben wäre?

Der Glaube ist etwas wunderbares
Wunder macht Glauben, Glauben macht Wunder.
Wunder und Glauben geben manchen Menschen göttliche Macht:
Seinen selbst ernannten Stellvertretern.

„hinabgestiegen in das Reich des Todes"

Steht im apostlischen Glaubensbekenntnis. Was steht in den vier Evangelisten?

Kam Jesus in sein Reich? Oder heute noch in das Paradies?
Oder in seine Herrlichkeit? Oder alles das? – Nur bei Lukas

Dieser Evangelist wusste mehr darüber. Zumindest schrieb er mehr darüber …

Matthäus 28	Markus 16	Lukas 23,42	Johannes 20
		Dann sagte er [der Verbrecher]: Jesus, denk an mich, wenn du in dein Reich kommst.	

Der Verbrecher wusste, dass Jesus in sein Reich kommt

Matthäus 28	Markus 16	Lukas 23,43	Johannes 20
		Jesus antwortete ihm: Amen, ich sage dir: Heute noch wirst du mit mir im Paradies sein.	

Jesus antwortete, dass sie zusammen ins Paradies kommen

Matthäus	Markus	Lukas 24,[15][13]25-26	Johannes
		Dann sagte er [Jesus] zu ihnen [den zwei Emmaus-Jüngern]: Mußte nicht der Messias all das erleiden, um so in seine Herrlichkeit zu gelangen?	

Jesus sagte später, dass er in seine Herrlichkeit gelangt war

Aber das Glaubensbekenntnis sagt etwas ganz anderes:

Jesus war im Reich des Todes!

Warum denn ausgerechnet dort?

Weil dort ihr Reich und ihr Paradies und ihre Herrlichkeit ist: für Priester

Die Hirten haben allen beigebracht, dass nach dem Tod noch was kommt.

Und profitieren von der Angst ihrer Schafe vor der Zeit danach

Aber wo war Jesus denn nun wirklich? – Am Kreuz oder im Grab, natürlich

Aber das Natürliche ist den Hirten nicht übernatürlich genug.

Und für sie ganz und gar nicht profitabel.

Versiegelung und Bewachung des Grabes. Nur bei Matthäus

Matthäus bietet wieder etwas, wovon die anderen Evangelisten keine Ahnung hatten.

Matthäus 28	Markus	Lukas	Johannes
Am nächsten Tag gingen die Hohenpriester und die Pharisäer gemeinsam zu Pilatus; ...			

Als ob strenggläubige Juden am Sabbat oder an einem Feiertag irgendwelche Geschäfte oder Dienstgänge machen würden.

Matthäus 28	Markus	Lukas	Johannes
Sie sagten: Herr, es fiel uns ein, daß dieser Betrüger, als er noch lebte, behauptet hat: Ich werde nach drei Tagen auferstehen.			

Als ob diese Juden die Worte Jesu besser gehört hätten als seine eigenen Jünger, die das mit Jesu Auferstehung nicht verstanden hatten.

Matthäus 28	Markus	Lukas	Johannes
Gib also den Befehl, daß das Grab bis zum dritten Tag sicher bewacht wird.			

Als ob die Juden über römische Besatzertruppen verfügen dürften!

Matthäus 28	Markus	Lukas	Johannes
Sonst könnten seine Jünger kommen, ihn stehlen und dem Volk sagen: Er ist von den Toten auferstanden. ...			

Als ob ein leeres Grab ein Beweis für eine Auferstehung gewesen wäre.

Matthäus 28	Markus	Lukas	Johannes
Pilatus antwortete ihnen: Ihr sollt eine Wache haben. Geht und sichert das Grab, so gut ihr könnt.			

Als ob die brutale Besatzungsmacht der Römer ganz brav die Wünsche der sie bekämpfenden Juden befolgen würde.

Matthäus 28	Markus	Lukas	Johannes
Darauf gingen sie, um das Grab zu sichern. Sie versiegelten den Eingang und ließen die Wache dort.			

Als ob irgendwelche römischen Soldaten wussten, wohin der Jude Josef aus Arimathäa eine der gekreuzigten Leichen geschleppt hatte.
Als ob strenggläubige Juden am Sabbat wirklich so weit gehen würden.
Als ob gläubige Juden sich am Feiertag an einem Grab unrein machen würden.
Was für wirklich strohdumme Lügen!
Aber wie malerisch ...

Der Betrug der Hohenpriester und Ältesten. Oder Matthäus

Matthäus 28,11-15	Markus 16,5	Lukas 24,5	Johannes
Die Wächter begannen vor Angst zu zittern und fielen wie tot zu Boden.			
	… da erschraken sie [die Frauen] sehr.	Die Frauen erschraken und blickten zu Boden.	

Mutige Wächter waren wie tot, die Frauen aber nur erschrocken?

Noch während die Frauen unterwegs waren, kamen einige von den Wächtern in die Stadt und berichteten den Hohenpriestern alles, was geschehen war.			

Die scheintoten Wächter waren dann schneller als nur erschrockene Frauen?
Die römischen Soldaten berichteten den Hohenpriestern, nicht ihren Vorgesetzten?
Alles berichteten sie, alles was sie ohnmächtig-scheintot gesehen hatten?

Diese faßten gemeinsam mit den Ältesten den Beschluß, die Soldaten zu bestechen.			

Ganz im Geheimen. Niemand hat das jemals heraus gefunden. Nur dieser Matthäus.

Sie gaben ihnen viel Geld und sagten: Erzählt den Leuten: Seine Jünger sind bei Nacht gekommen und haben ihn gestohlen, während wir schliefen.			

Erst soll das Grab bewacht werden, damit seine Jünger ihn nicht stehlen können.
Aber jetzt werden die Wächter bezahlt, damit die genau das sagen:
dass seine Jünger ihn gestohlen haben.
Während wir schliefen, haben wir, die Wache, ganz genau gesehen,
dass seine Jünger kamen und ihn aus dem Grab gestohlen haben.
Christen können so etwas Unglaubliches glauben. Künstler können
das schön malen. Und Hirten diesen erlogenen Unsinn schönfärben.
Aber wer nachdenkt, kann so etwas nicht glauben.

Falls der Statthalter davon hört, werden wir ihn beschwichtigen und dafür sorgen, daß ihr nichts zu befürchten habt.			
Die Soldaten nahmen das Geld und machten alles so, wie man es ihnen gesagt hatte.			

So bescheuert konnten römische Soldaten kaum sein.
So bescheuert können doch höchstens Gläubige sein.

„am dritten Tage auferstanden von den Toten"[2]

Oft Jesus hatte seine Auferstehung angekündigt. Sehr oft

So schrieben die Evangelisten. Später

Während sie den Berg hinabstiegen, gebot ihnen Jesus:
Erzählt niemand von dem, was ihr hier gesehen habt,
bis der Menschensohn von den Toten auferstanden ist.
Matthäus 17,9
Während sie den Berg hinabstiegen, verbot er ihnen,
irgend jemand zu erzählen, was sie gesehen hatten,
bis der Menschensohn von den Toten auferstanden ist.
Markus 9,9;
Aber nach meiner Auferstehung werde ich euch nach Galiläa vorausgehen.
Matthäus 26,32
Aber nach meiner Auferstehung werde ich euch nach Galiläa vorausgehen.
Markus 14,28

Auch mit Zeitangabe: am dritten Tag – nach seinem Tod

Gestorben ist Jesus am Freitag. Der dritte Tag wäre dann also … der Montag.
Von da an begann Jesus, seinen Jüngern zu erklären, er müsse nach Jerusalem gehen
und von den Ältesten, den Hohenpriestern und den Schriftgelehrten vieles erleiden;
er werde getötet werden, aber am dritten Tag werde er auferstehen.
Matthäus 16,21
Als sie in Galiläa zusammen waren, sagte Jesus zu ihnen:
Der Menschensohn wird den Menschen ausgeliefert werden, und sie werden ihn töten;
aber am dritten Tag wird er auferstehen.
Matthäus 17,22-23
Wir gehen jetzt nach Jerusalem hinauf;
dort wird der Menschensohn den Hohenpriestern und Schriftgelehrten ausgeliefert;
sie werden ihn zum Tod verurteilen und den Heiden übergeben,
damit er verspottet, gegeißelt und gekreuzigt wird;
aber am dritten Tag wird er auferstehen.
Matthäus 20,19
Der Menschensohn muß vieles erleiden und von den Ältesten, den Hohenpriestern
und den Schriftgelehrten verworfen werden, er wird getötet werden,
aber am dritten Tag wird er auferstehen.
Lukas 9,22
Er wird den Heiden ausgeliefert, wird verspottet, misshandelt und angespuckt werden,
und man wird ihn geißeln und töten. Aber am dritten Tag wird er auferstehen.
Lukas 18,33

---

[2] Gerd Lüdemann, Alf Özen: *Was mit Jesus wirklich geschah. Die Auferstehung historisch betrachtet*
Radius Verlag GmbH, Stuttgart, 1995, ISBN 3-87173-033-5
Ein evangelischer Theologe untersucht die Texte der Evangelien und bezweifelt die Auferstehung.
Über natürlich musste er die Theologische Fakultät der Universität Göttingen verlassen.
Obwohl er viele Widersprüche sogar verschwiegen oder mit lockeren Worten übersprungen hat.

Häufiger steht geschrieben: nach drei Tagen. Wenn drei ganze Tage vorbei sind

Drei ganze Tage nach seinem Tod am Freitag: also am Dienstag!

Am nächsten Tag gingen die Hohenpriester und die Pharisäer gemeinsam zu Pilatus;
es war der Tag nach dem Rüsttag.
Sie sagten: Herr, es fiel uns ein, daß dieser Betrüger, als er noch lebte, behauptet hat:
Ich werde nach drei Tagen auferstehen.
Matthäus 27,62-63

Dann begann er sie [die Jünger] darüber zu belehren, der Menschensohn müsse vieles
erleiden und von den Ältesten, den Hohenpriestern und den Schriftgelehrten verworfen
werden; er werde getötet, aber nach drei Tagen werde er auferstehen.
Markus 8,31

Er sagte zu ihnen:
Der Menschensohn wird den Menschen ausgeliefert, und sie werden ihn töten;
doch drei Tage nach seinem Tod wird er auferstehen.
Markus 9,31

Er sagte: Wir gehen jetzt nach Jerusalem hinauf;
dort wird der Menschensohn den Hohenpriestern und den Schriftgelehrten ausgeliefert;
sie werden ihn zum Tod verurteilen und den Heiden übergeben,
sie werden ihn verspotten, anspucken, geißeln und töten.
Aber nach drei Tagen wird er auferstehen.
Markus 10,34

Oder als das Zeichen des Jona: nach drei Tagen und drei Nächten

Denn wie Jona drei Tage und drei Nächte im Bauch des Fisches war,
so wird auch der Menschensohn drei Tage und drei Nächte im Innern der Erde sein.
Matthäus 12,40

Diese böse und treulose Generation fordert ein Zeichen,
aber es wird ihr kein anderes gegeben werden als das Zeichen des Jona.
Matthäus 16,4

Denn wie Jona für die Einwohner von Ninive ein Zeichen war,
so wird es auch der Menschensohn für diese Generation sein.
Lukas 11,30

Oder als den Tempel Gottes wieder aufbauen: in drei Tagen

Er hat gesagt: Ich kann den Tempel Gottes niederreißen
und in drei Tagen wieder aufbauen.
Matthäus 26,61

Die Leute, die vorbeikamen, verhöhnten ihn, schüttelten den Kopf und riefen:
Du willst den Tempel niederreißen und in drei Tagen wieder aufbauen?
Matthäus 27,40

Wir haben ihn sagen hören:
Ich werde diesen von Menschen erbauten Tempel niederreißen
und in drei Tagen einen anderen errichten, der nicht von Menschenhand gemacht ist.
Markus 14,58

Die Leute, die vorbeikamen, verhöhnten ihn, schüttelten den Kopf und riefen:
Ach, du willst den Tempel niederreißen und in drei Tagen wieder aufbauen?
Markus 15,29

Jesus antwortete ihnen: Reißt diesen Tempel nieder,
in drei Tagen werde ich ihn wieder aufrichten.
Johannes 2,18-22

Aber Jesus war aber nur zwei Nächte und einen Tag begraben. Dieser Lügner!

Freuten sich die Jünger auf die kommende Auferstehung? – Überhaupt nicht!

Welche Vorbereitungen trafen sie für Jesu Auferstehung?

Keine!

Die Jesus ihnen so überaus häufig angekündigt hatte!

Überhaupt keine!

Dass angeblich sogar andere Leute davon wussten!

Selbstverständlich gar keine!

Und was machten manche Frauen?

Wollten ihn salben oder nach dem Grab sehen!

Die Auferstehung des Jesus Christus?

Die Entdeckung eines leeren Grabes!

Genauer gesagt: die *vier* Entdeckungen!

Völlig verschieden.

Über natürlich …

„Die Auferstehung Jesu" – steht in den Evangelien *nicht*

Sondern vier verschiedene,
einander völlig widersprechende
Entdeckungen eines leeren Grabes.

Doch diese vier Entdeckungen des leeren Grabs widersprechen sich so sehr
dass man ihnen und den Erscheinungen der Engel nur dann glauben kann,
wenn einem der Glaube wichtiger ist
als die allgemeine Vernunft und der eigene Verstand.

Wer an das leere Grab Jesu glauben will, kann das auch

Aber nicht *wegen*, sondern nur *trotz* der Erzählungen in den Evangelien

Ein ehrlich denkender Mensch wird solch unmöglichen Unsinn
weder ernst nehmen noch als irgendwie göttlich annehmen können.
Jene Heiligen Worte sind schlechte Lügen. Und nicht nur diese!

Wort des lebendigen Gottes!

Man lese und staune!

Warum so viele so lange so fest so etwas … glaubten.
Zu glauben glaubten …

Frauen gingen zum Grab: Zwei Marias – Oder auch Salome – Oder noch mehr Frauen – Oder nur eine einzige Maria

Matthäus 28,1-2	Markus 16,1-2	Lukas 24,1 (10)	Johannes 20,1
Nach dem Sabbat	Als der Sabbat vorüber war,	Am ersten Tag der Woche	Am ersten Tag der Woche
kamen …	kauften	gingen	kam
Maria aus Magdala	Maria aus Magdala,	(Maria Magdalene,	Maria von Magdala
		Johanna und	
und die andere Maria,	Maria die Mutter des Jakobus,	Maria, die Mutter des Jakobus;	
	und Salome		
		auch die übrigen Frauen)	

Zwei Frauen – Drei Frauen – Mehr als drei Frauen – Eine Frau

Bis drei zählen – das war doch auch damals nicht besonders schwierig.
Muss man, soll man, kann man, darf man – solche Geschichten glauben?
Wenn ihre Erzähler nicht bis drei zählen können? Oder wollen?

Um die Leiche Jesu zweimal wohlriechend einzuschmieren

Auch die Frauen hatten keine Ahnung von der sooo oft angekündigten Auferstehung!

	kauften …		
	… wohlriechende Öle,	mit den wohlriechenden Salben,	
	um damit zum Grab zu gehen und Jesus zu salben.		
		die sie zubereitet hatten,	
… in der Morgendämmerung …	kamen sie in aller Frühe …, als eben die Sonne aufging.	in aller Frühe	frühmorgens, als es noch dunkel war,
um nach dem Grab zu sehen.	… zum Grab	zum Grab.	zum Grab …

Die Frauen gingen zu Jesu Grab oder seiner Leiche, nicht zur Auferstehung
Um zweimal die Leiche einzuschmieren

Obwohl eine Frau ihn schon im voraus dafür gesalbt hatte? Wie Jesus selbst sagte:

Matthäus 26,12	Markus 14,8	Lukas 7,36-50	Johannes 12,7
Als sie das Öl über mich goß, hat sie meinen Leib für das Begräbnis gesalbt.	Sie hat im voraus meinen Leib für das Begräbnis gesalbt.		… damit sie es für den Tag meines Begräbnisses tue.

Wer soll hier angeschmiert werden?

Ein Engel wälzte den Stein weg – Der dreimal schon weg war

Matthäus 28,1-2	Markus 16,4	Lukas 24,2-3	Johannes 20,1.11
Plötzlich entstand ein gewaltiges Erdbeben;			

Ein gewaltiges Erdbeben schüttelte Matthäus aus dem Ärmel!
Und wie bei seiner Kreuzigungsgeschichte hat auch das niemand sonst bemerkt!
Dieser Evangelist hat die Natur voll im Griff.
Oder möchte seine Leser so haben.

denn ein Engel des Herrn kam vom Himmel herab,			

Die Erde bebte. Aber ein Engel kam vom Himmel herab?
Kam jener Engel vielleicht doch von unten hoch?

trat an das Grab, wälzte den Stein weg und setzte sich darauf.			

Ein Engel des Herrn, der arbeitete? Der sich die Finger schmutzig machte?
Bei Matthäus und seinen Geschichtchen kommt kein anderer Evangelist mit.
Jesus durch den Stein entwich!
Bei Matthäus, bei den ander'n drei nich'!

	Doch als sie hinblickten, sahen sie, daß der Stein schon weggewälzt war; er war sehr groß.	Da sahen sie, daß der Stein vom Grab weggewälzt war;	und sah, daß der Stein vom Grab weggenommen war.

Der Stein der war schon weg vom Grab: dreimalige Übereinstimmung
Oh Wunder, oh Wunder, oh Wunder!

Frauen gingen in das Grab hinein. Bei Markus und Lukas

	Sie gingen in das Grab hinein	sie gingen hinein,	
		aber den Leichnam Jesu, des Herrn, fanden sie nicht.	
			… beugte sie sich in die Grabkammer hinein.

Die zwei Frauen gingen erst mal nicht hinein. – Die drei Frauen gingen hinein. –
Die mehr als drei Frauen gingen hinein. – Die eine Frau ging nicht hinein.
Muss man gegen solche unglaublich widerlichen Widersprüche noch etwas sagen?

Ein Engel kam vom Himmel herab – Ein junger Mann saß – Zwei Männer traten – Zwei Engel saßen

Ein oder zwei. Engel oder Männer. Vor dem Grab oder darin. Leuchtend oder weiß.

Matthäus 28,2-4	Markus 16,5	Lukas 24,4-5	Johannes 20,12
… denn ein Engel des Herrn kam vom Himmel herab …			
	… und sahen einen jungen Mann auf der rechten Seite sitzen …		
		… traten zwei Männer … zu ihnen.	
			Da sah sie zwei Engel … sitzen, den einen dort, wo der Kopf, den anderen dort, wo die Füße des Leichnams Jesu gelegen hatten.
Seine Gestalt leuchtete wie ein Blitz,			
		… in leuchtenden Gewändern …	
sein Gewand war weiß wie Schnee.	der mit einem weißen Gewand bekleidet war;		… in weißen Gewändern …

Wer wird denn bei einer Heiligen Schrift kleinlich sein wollen?
Wer wird genauer hinschauen, wenn mal wieder ein Wunder geschieht?
Wenn der angeblich einzige Gott sein angeblich wichtigstes Wunder wirkt?
Blind dran glauben ist da viel besser als nachschauen oder nachlesen!

Wächter fielen wie tot zu Boden – Frauen blickten zu Boden

Die Wächter begannen vor Angst zu zittern und fielen wie tot zu Boden.			
	da erschraken sie sehr.	Die Frauen erschraken	
		und blickten zu Boden.	

Tapfere Wächter, die vor Angst zitterten und zu Boden – ohnmächtig fielen
Schwache Frauen, die sehr erschraken und zu Boden – nur blickten
Das waren schon sehr wunderliche Soldaten, die Matthäus da antanzen ließ.

Befehl und Gerede eines Engels – Oder nur eines Mannes – Oder Frage und Gerede zweier Männer – Oder nur eine Frage

Matthäus 28,5-7	Markus 16,6-7	Lukas 24,5-7	Johannes 20,13
Der Engel aber sagte zu den Frauen:	Er aber sagte zu ihnen:	Die Männer aber sagten zu ihnen:	Die Engel sagten zu ihr:
Fürchtet euch nicht!	Erschreckt nicht!		
		Was sucht ihr den Lebenden bei den Toten?	
			Frau, warum weinst du?

Zwei immerhin ähnliche Befehle – Zwei ganz verschiedene Fragen
Welchen Glaubenden kümmert das?
Die zwei Engel des Johannes stellten nur diese eine blöde Frage.
Nur deshalb mussten sie diese weite Dienstreise unternehmen.
Die Figuren der anderen Evangelisten hatten etwas mehr zu sagen:

Ich weiß, ihr sucht Jesus, den Gekreuzigten.	Ihr sucht Jesus von Nazaret, den Gekreuzigten.		
Er ist nicht hier; denn er ist auferstanden,	Er ist auferstanden; er ist nicht hier.	Er ist nicht hier, sondern er ist auferstanden.	
		Erinnert euch	
wie er gesagt hat.		an das, was er euch gesagt hat,	
		als er noch in Galiläa war:	

Das hatte nicht den Frauen, sondern nur zu Jüngern gesagt. Auch in Jerusalem

		Der Menschensohn muß den Sündern ausgeliefert und gekreuzigt werden und am dritten Tag auferstehen.	
Kommt her und seht euch die Stelle an, wo er lag.	Seht, da ist die Stelle, wo man ihn hingelegt hatte.		

Ein Engel oder ein junger Mann oder zwei Männer sagten es
Und außerdem lag Jesu Leiche nicht mehr dort.
Also war Jesus auferstanden. Wirklich?

Dann geht schnell zu seinen Jüngern und sagt ihnen:	Nun aber geht und sagt seinen Jüngern,		
	vor allem Petrus:		

Die Frauen sollen Jüngern sagen: er geht voraus nach Galiläa.
Bei Matthäus und Markus

Matthäus 28,7-8	Markus 16,7-8	Lukas 24,8-9	Johannes 20,13.2
Er ist von den Toten auferstanden.			
Er geht euch voraus nach Galiläa; dort werdet ihr ihn sehen.	Er geht euch voraus nach Galiläa; dort werdet ihr ihn sehen,		
Ich habe			
	wie er		
es euch gesagt.	es euch gesagt hat.		

Jesus wird den Jüngern erscheinen. In Galiläa.
Sagte ein Engel oder ein Mann. In zwei Evangelien.

Daraufhin erschien Jesus: beim Grab.
Ein oder zwei Frau/en. In drei Evangelien.

Nur die eine Frau sprach zu ihrer Erscheinung

			Sie antwortete ihnen: Man hat meinen Herrn weggenommen, und ich weiß nicht, wohin man ihn gelegt hat.

Was für eine vernünftige Frau! Zumindest jetzt
Weggenommen hat man ihn. Sagte Maria Magdalena.
Auf diesen Gedanken darf man *heute* keinesfalls kommen.

		Da erinnerten sie sich an seine Worte.	

Obwohl Jesus das nur seinen Jüngern gesagt hatte, diesen Frauen aber nicht

Sogleich verließen sie das Grab	Da verließen sie das Grab	Und sie kehrten vom Grab	Da lief sie

Übereinstimmung, ja volle volle volle volle Übereinstimmung!!! Halleluja
Was vier ehrliche Menschen immer schaffen,
das schaffen diese vier heiligen Schriften auch manchmal. Selten genug!

und eilten	und flohen;		schnell
voll Furcht	denn Schrecken und Entsetzen hatte sie gepackt.		
und großer Freude			
zu seinen Jüngern,			
		in die Stadt zurück	

Voll Furcht und großer Freude. Oder Schrecken und Entsetzen? Oder nichts?

Die Frau/en verkündete/n es: seinen Jüngern – niemandem – den Elf und den anderen Jüngern – zwei besonderen Jüngern

Matthäus 28,8	Markus 16,8	Lukas 24,9-11	Johannes 20,2
zu seinen Jüngern, um ihnen die Botschaft zu verkünden.			
	Und sie sagten niemand etwas davon, denn sie fürchteten sich.		
		und berichteten alles den Elf und den anderen Jüngern.	
		.... auch die übrigen Frauen, die bei ihnen waren, erzählten es den Aposteln.	
			zu Simon Petrus und dem Jünger, den Jesus liebte, und sagte zu ihnen:
			Man hat den Herrn aus dem Grab weggenommen,

Maria Magdala wusste,
dass der Herr weggenommen worden war.
Jesu Auferstehung? Aber bitte, wer wird denn an so was denken?

Matthäus 28,8	Markus 16,8	Lukas 24,9-11	Johannes 20,2
			und wir wissen nicht, wohin man ihn gelegt hat.

... und wir ...
Wer wusste es mit Maria Magdala denn auch nicht?
Ihr achter Geist? Weil Jesus den nicht ausgetrieben hatte:

Markus 16,9 – Lukas 8,3

Und kein Wort über die Auferstehung! Nicht ein einziges
Aus dem Grab genommen und verlegt wurde jene Leiche.

Matthäus 28,8	Markus 16,8	Lukas 24,9-11	Johannes 20,2
		Doch die Apostel hielten das alles für Geschwätz und glaubten ihnen nicht.	

Die Jünger oder die Apostel konnten den Frauen dieses Geschwätz nicht glauben
Die Jünger kannten die Worte ihres Jesus. Die Jünger Jesu kannten diese Frauen.
Wenn *sie* den Frauen diese Botschaft nicht glaubten, dann ist die Sache klar.

Elf Jünger gingen nach Galiläa – Zwei gingen aufs Land – Nur Petrus lief zum Grab – Der andere Jünger war zuerst dort

Matthäus 28,16	Markus 16,12	Lukas 24,12	Johannes 20,3-8
Die elf Jünger gingen nach Galiläa …	… zweien von ihnen, als sie unterwegs waren …		
		Petrus aber	Da gingen Petrus
			und der andere Jünger
		stand auf	hinaus
		und lief	und kamen zum Grab;
			sie liefen beide zusammen dorthin, aber weil der andere Jünger schneller war als Petrus, kam er als erster ans Grab.
			Er beugte sich vor und sah die Leinenbinden liegen, ging aber nicht hinein.

Wie wenig Matthäus von diesen Ereignissen weiß.

Typisch Johannes: wieder eine wortreiche Extraeinlage.

		zum Grab. Er	Da kam auch Simon Petrus,
			der ihm gefolgt war,
		beugte sich vor,	
			und ging in das Grab hinein.
		sah aber nur die Leinenbinden (dort liegen).	Er sah die Leinenbinden liegen

Seine Leinenbinden ließ Jesus zurück: Zweimal stieg er nackt aus dem Grab

Auch der Jesus des Lukas ließ die Leinenbinden liegen

Obwohl er beim Begräbnis in ein Leinen*tuch* gewickelt worden war?!

			und das Schweißtuch, das auf dem Kopf Jesu gelegen hatte; es lag aber nicht bei den Leinenbinden, sondern zusammengebunden daneben an besonderer Stelle.

Jesus hat sich die Zeit genommen, Johannes Schweißtuch zusammen zu binden

Sich hausfraulich zu betätigen. Damit das Grab schon ordentlich aussieht.

Hatte er wirklich nichts Wichtigeres zu tun?

Bevor er völlig nackig verschwand? Nur mit Salben aus Myrrhe und Aloe bekleidet!

			Da ging auch der andere Jünger, der zuerst an das Grab gekommen war, hinein;
			er sah und glaubte.

Ja was glaubte er denn? – Das hat er dem Johannes leider nicht gesagt.

Was wusste Petrus? – Oder Petrus und der andere Jünger?

Matthäus	Markus	Lukas 24,12	Johannes 20,9-10
			Denn sie wußten noch nicht aus der Schrift, daß er von den Toten auferstehen mußte.
		Dann	Dann
		ging er	
			kehrten die Jünger
		nach Hause,	wieder nach Hause zurück.
		voll Verwunderung über das, was geschehen war.	

Sie wussten nicht, dass Jesus auferstehen werde
Sie waren voll Verwunderung über das geleerte Grab.
Ja was hatte Jesus denn *angeblich* so lange und so oft gepredigt,
wenn nicht einmal sein erster und sein geliebter Jünger wussten,
was alle Christen glauben und glauben *müssen*?

Auch andere Jünger gingen zum Grab. Aber nur bei Lukas

Erst schrieb Lukas, dass nur Petrus alleine zum Grab gegangen war
Aber gleich danach schrieb er etwas anderes:

Matthäus	Markus	Lukas 24,13 und 24	Johannes
		Am gleichen Tag waren zwei von den Jüngern auf dem Weg in ein Dorf namens Emmaus, das sechzig Stadien [11,1 Kilometer] von Jerusalem entfernt ist.	
		Einige von uns gingen dann zum Grab und fanden alles so, wie die Frauen gesagt hatten; ihn selbst aber sahen sie nicht.	

Ostern!

Das Fest einer verschwundenen Leiche, eines leeren Grabes, eines Nichts.
Aber war es wirklich eine Auferstehung?
Oder die erste von unzählig vielen Reliquien-Räubereien
und christlichen Gottessohn-Fressereien?

**Wer mein Fleisch ißt und mein Blut trinkt, hat das ewige Leben,
und ich werde ihn auferwecken am Letzten Tag.**
Johannes 6,54 – ähnlich auch: *Johannes 6,33-35; 6,48-51; 6,55-59*

Dann lieber an den Osterhasen glauben als an so einen „Heiligen" Widersinn

Seine scheinbare Erscheinung schien anscheinend für einige zu erscheinen

Die erste Beschreibung der Erscheinungen ~~Jesu~~ Christi

Der früheste erhaltene Bericht darüber stammt vom Völkerapostel Saulus/Paulus
In seinem ersten Brief an die Korinther,
der in den Jahren 53 bis 55 „nach Christi Geburt" geschrieben wurde.
Obwohl Paulus den lebendigen Jesus nie gesehen hatte
Obwohl dem Paulus der erscheinende Christus „als letztem von allen" erschien.

Christus
ist für unsere Sünden gestorben,
gemäß der Schrift, und ist begraben worden.
Er ist am dritten Tag auferweckt worden,

> Klopf-klopf-klopf!
> Aufwachen bitte!

gemäß der Schrift,

> Nur steht das leider in keiner
> Schrift seines Gott-Vaters.

und erschien dem Kephas,

> Nicht ein oder zwei Marias? Usw.?

dann den Zwölf.

> Nicht den Elf? Judas war noch dabei?

Danach erschien er
mehr als fünfhundert Brüdern zugleich:

> Sonst weiß niemand
> irgendetwas von diesen fünfhundert.

die meisten von ihnen sind noch am Leben,
einige sind entschlafen.

> Von diesen meisten der 500 hat es seltsamerweise
> kein einziger aufgeschrieben.

Danach erschien er dem Jakobus,

> Nicht dem zweifelnden Thomas?

dann allen Aposteln.

> Noch mehr als den zwölf Elfen?

Als letztem von allen erschien er auch mir,

> Bei einem Hitzschlag oder Sonnenstich
> auf Paulus' Weg nach Damaskus …

dem Unerwarteten, der „Mißgeburt"

> Damit könnte Paulus recht haben.

Erster Paulusbrief an die Korinther 15,3-8

Und wie erschien Jesus denn dem Paulus selbst?
Das beschrieb Paulus in seinen vielen Briefen nicht.
Aber in der Apostelgeschichte steht es. Gleich dreimal.

Jesus schien dem Saul zu erscheinen: als Licht und Stimme. Einmal. In drei unterschiedlichen Geschichten

Der auferstandene Jesus ernannte keinen neuen zwölften Ersatz-Apostel
Aber später erschien er jenem 13.? – Waren seine 11 + 1 nicht gut genug?
In der Apostelgeschichte sind nur wenige der auserwählten 11 Jünger wichtig
Dafür aber um so mehr jener S-/P-aulus. Die sich als Lebende nicht kannten.
Und wie wunderbar sind die Geschichten der Apostel:
Das Damaskus-Erlebnis?

Drei Damaskus-Erlebnisse!

Apostelgeschichte 9,3-7	Apostelgeschichte 22,9-11	Apostelgeschichte 26,12-18
Unterwegs aber, als er sich bereits Damaskus näherte, geschah es, daß ihn plötzlich ein Licht vom Himmel umstrahlte.	Als ich nun unterwegs war und mich Damaskus näherte, da geschah es, daß mich um die Mittagszeit plötzlich vom Himmel her ein helles Licht umstrahlte.	So zog ich … nach Damaskus. Da sah ich unterwegs, König, mitten am Tag ein Licht, das mich und meine Begleiter vom Himmel her umstrahlte, heller als die Sonne.

Saulus umstrahlte ein Licht
Saulus umstrahlte ein helles Licht
Ein Licht umstrahlte Saulus und seine Begleiter

Er stürzte zu Boden	Ich stürzte zu Boden	
		Wir alle stürzten zu Boden,

Saulus stürzte zu Boden
Saulus stürzte zu Boden
Alle stürzten zu Boden

Je später erzählt, desto eindrucksvoller.

und hörte, wie eine Stimme	und hörte eine Stimme	und ich hörte eine Stimme
		auf hebräisch
zu ihm sagte:	zu mir sagen:	zu mir sagen:
Saul, Saul, warum verfolgst du mich?	Saul, Saul, warum verfolgst du mich?	Saul, Saul, warum verfolgst du mich?

Der allwissende Gott wusste offensichtlich nicht alles, und musste nachfragen
Und zwar auf hebräisch. Und nicht auf alt-griechisch oder lateinisch.

		Es wird dir schwer fallen, gegen den Stachel auszuschlagen.

Diese einfache und klare Frage der Stimme beantworten? Machte Saul nicht:

Er antwortete: Wer bist du, Herr?	Ich antwortete: Wer bist du, Herr?	Ich antwortete: Wer bist du, Herr?
Dieser sagte: Ich bin Jesus, den du verfolgst.	Er sagte zu mir: Ich bin der Nazoräer, den du verfolgst.	Der Herr sagte: Ich bin Jesus, den du verfolgst.

Eine erstaunlich gute Übereinstimmung. Was für eine Überraschung
Die allerdings nicht anhält: Von nun an stimmt fast nichts mehr überein

	Ich sagte: Herr, was soll ich tun?	

Seine scheinbare Erscheinung schien anscheinend für einige zu erscheinen

	Der Herr antwortete:	
Steh auf,	Steh auf,	Steh auf,
		stell dich auf deine Füße!
und geh in die Stadt: Dort wird dir gesagt werden, was du tun sollst.	und geh nach Damaskus, dort wird dir alles gesagt werden, was du nach Gottes Willen tun sollst.	

Gott und sein Wille brauchten Bedenkzeit

Gott musste offenbar erst einen Einarbeitungsplan aufstellen.

In der dritten Erzählung nicht.

Seine Begleiter standen sprachlos da;	Meine Begleiter	
sie hörten zwar die Stimme,	sahen zwar das Licht,	
sahen aber niemand.	die Stimme dessen aber, der zu mir sprach, hörten sie nicht.	

Seine Begleiter hörten die Stimme, sahen aber *niemand*
Seine Begleiter hörten die Stimme *nicht*, sahen aber das Licht
Seine Begleiter sahen nichts und hörten nichts

		Denn ich bin dir erschienen, um dich zum Diener und Zeugen dessen zu erwählen, was du gesehen hast und was ich dir noch zeigen werde.

Was hatte Paulus gesehen: Ein helles Licht. Dafür soll er Zeuge sein?

		Ich will dich vor dem Volk und den Heiden retten, zu denen ich dich sende, um ihnen die Augen zu öffnen.
		Denn sie sollen sich von der Finsternis zum Licht und von der Macht des Satans zu Gott bekehren und
		sollen durch den Glauben an mich die Vergebung der Sünden empfangen und mit den Geheiligten am Erbe teilhaben.

Noch nicht einmal diese drei Erzählungen einer Person stimmen überein

Zuerst ist jener Hananias noch wichtig: *Apostelgeschichte 9,10-18*

Dann spricht Gott nicht mehr zu ihm: *Apostelgeschichte 22,12-16*

Schließlich ist er ganz verschwunden: *Apostelgeschichte 26,13-18*

Immer schöner werdendes Auserwähltheits-Gefasel eines Helfers des Allmächtigen.

Je öfter Paulus Bekehrung erzählt wurde, desto besser wurde sie. Für ihn!

Respekt vor der Wahrheit? Nicht vorhanden. Beim Hauptapostel Jesu Christi!

Und wenn schon Berichte über Ereignisse nicht überein stimmen,

wie wenig darf man dann seinen nicht nachprüfbaren Worten über Gott glauben?

Wie kann irgendein denkender Mensch solch unmöglichen Unsinn ernst nehmen?

Oder diesen irren Wirrwarr auch noch irgendwie für göttlich ansehen?

Angeblich offenbarte Heilige Worte?

Wirklich offensichtlich erfundene Lügen!

Jesus erschien zwei Marien, bei Matthäus – Oder einer Maria, bei Markus und Johannes – Oder keiner Maria, bei Lukas

Nicht nur Jesu Dienstpersonal musste den Frauen am Grab erscheinen
Ein Mann oder zwei Männer oder ein Engel oder zwei Engel.
Nein, Jesus selbst schien auch ein oder zwei Frauen zu erscheinen,
immerhin in drei der vier Evangelien.

Matthäus 28,9 (1)	Markus 16,9-11	Lukas 24	Johannes 20,14-15
Plötzlich	Als Jesus am frühen Morgen des ersten Wochentages auferstanden war,		
			Als sie das gesagt hatte, wandte sie sich um und
kam ihnen Jesus entgegen	erschien er		
			sah Jesus dastehen,

Jesus ging ihnen entgegen – Jesus erschien – oder auch nicht – Jesus stand da
Ganz ohne Leinentuch oder Leinenbinden? Ohne sein oder irgendein Gewand?
Das alles hatte Jesus ja im Grab liegen lassen. Auch sein Schweißtuch.
Nur ein bisschen blasser? Dafür aber mit Blut verschmiert?
Oder hatte Jesus vorher gebadet? Oder sich geduscht? Oder wenigstens gewaschen?
Im Reich des Todes? Oder im Paradies? Oder in seiner Herrlichkeit?

(Maria aus Magdala ...)	zuerst Maria aus Magdala, aus der er sieben Dämonen ausgetrieben hatte.		
(... und die andere Maria)			

Maria aus Magdala und die andere Maria –
Nur Maria aus Magdala – Keine Frau – Maria von Magdala

			wußte aber nicht, daß es Jesus war.

Maria Magdala sah Jesus da stehen!
Maria Magdala wusste aber nicht, dass es Jesus war?
Irgendein nackter Mann halt?
Mit Löchern in Händen und Füssen, und einem Loch in seiner Brust!

und sagte:			Jesus sagte zu ihr:
Seid gegrüßt!			
			Frau, warum weinst du? Wen suchst du?

Jener zwei Frauen oder einer Frau erscheinende Jesus konnte sogar reden
Kurz und kühl grüßen. So wie jeder x-beliebige andere gegrüßt hätte.
Zwei Fragen stellen. Ziemlich dumme Fragen. Arg blöde Fragen!

Der Ermordete war der Gärtner? Nur bei Johannes

Matthäus 28	Markus 16	Lukas 24	Johannes 20,15-16
			Sie meinte, es sei der Gärtner

Der Gärtner?!
Nicht ihr geliebter, sieben Dämonen ausgetrieben habender Jesus?
Wie kurzsichtig war diese Frau? Und wie unglaubwürdig ist ihr Bericht?
Deshalb *muss* man glauben.

			und sagte zu ihm:
			Herr, wenn du ihn weggebracht hast, sag mir, wohin du ihn gelegt hast.

Ein Gärtner verlegte eine Leiche?

			Dann will ich ihn holen.

Maria wollte sie wieder holen?
Eine Leiche aus ihrem Grab holen,
sie herum tragen und anderswohin legen?
Jederzeit und immer! Über natürlich! Kein Problem! Ein Gärtner darf das.
Und Maria hätte sie gern wieder zurück geschleppt.

			Jesus sagte zu ihr: Maria!

Nach den zwei dummen Fragen nun nur ihr Name?

			Da wandte sie sich um

Wohin hatte sie geschaut, als sie zum Gärtner sprach?

			und sagte auf hebräisch zu ihm:

Hatte Maria vorher in einer anderen Sprache zu ihm gesprochen?

			Rabbuni! Das heißt Meister.

Eindeutige Stimm-Erkennung? Oder so überrascht ihren Namen zu hören?
Konnte Maria aus Magdala schlecht sehen, aber sehr gut hören?
Aber warum hatte sie Jesus dann an seinen zwei dummen Fragen vorher nicht erkannt?

War denn jeder Mann Marias Meister, der sie mit ihren Namen ansprach?
Mit dem Namen dieser Sünderin …

Schien der Erscheinende bekleidet schu schein? Nein!

Alle Evangelisten erzählen vom purpurroten Mantel oder dem Prunkgewand

Matthäus 27,29.31	Markus 15,16.20	Lukas 23,11	Johannes 19,2

Alle beschreiben, wie Kleidung oder Untergewand verlost wurden

Matthäus 27,35	Markus 15,24	Lukas 23,33-34	Johannes 19,23-24

Alle wissen, worin die Leiche Jesu einhüllt oder eingewickelt wurde oder war

Matthäus 27,59	Markus 15,46	Lukas 23,53	Johannes 19,40 u. 20,6
hüllte ihn in ein reines Leinentuch.	kaufte ein Leinentuch, wickelte ihn	hüllte ihn in ein Leinentuch	umwickelten ihn mit Leinenbinden
			sah die Leinenbinden liegen und das Schweißtuch daneben

Alle am Grab sahen die Kleider jener ein oder zwei Männer oder Engel

Matthäus 28,2-3	Markus 16,5	Lukas 24,4	Johannes 20,12
sein Gewand war weiß wie Schnee.	mit einem weißen Gewand bekleidet	in leuchtenden Gewändern	in weißen Gewändern

Aber jetzt? Als sie ihren Herrn wieder sahen?
Da war nichts zu sehen? Kein Mantel? Kein Gewand? Tuch? Binden? Nichts?
Was für Evangelisten waren das? – Völlig andere als zuvor?

Zwei warfen sich hin und umfassten die Füße: bei Matthäus – Oder eine Maria durfte Jesus nicht festhalten: bei Johannes

Matthäus 28,9-10	Markus 16	Lukas 24	Johannes 20,15-16
Sie gingen auf ihn zu,			
warfen sich vor ihm nieder und umfaßten seine Füße.			

Ganz schön schamlos die beiden!
Ob das der übliche Umgangsstil bei Jesus war? Höchst seltsame Sitten:
Ohne ein Wort als Gegengruß zu erwidern, sich niederwerfen und Füße umfassen?

Da sagte Jesus zu ihnen:			
			Jesus sagte zu ihr:
Fürchtet euch nicht!			
			Halte mich nicht fest;

Zwei Marias durften Jesu Füße umfassen
                                   Die eine Maria durfte Jesus nicht festhalten

			ich bin noch nicht zum Vater hinaufgegangen.

Sonst wäre Jesus ja wohl nicht hier vor ihr.

Der Erscheinende brauchte zwei Marias als Boten – Oder eine

Weil auch die von Jesus so sehr geliebten Jünger was von ihm wissen sollten.

Matthäus 28,10	Markus 16,10-11	Lukas 24	Johannes 20,17-18
Geht und sagt meinen Brüdern,			Geh aber zu meinen Brüdern, und sag ihnen:

Die Jünger Jesu sind die Brüder dieses Erschienenen

Also Gottes Söhne? Oder hat Jesus alle adoptiert, nicht nur den Jünger, den er liebte.

Und der Erschienene konnte das seinen Jüngern nicht selbst sagen?

sie sollen nach Galiläa gehen,			
und dort werden sie mich sehen.			
			Ich gehe hinauf zu meinem Vater und zu eurem Vater,
			zu meinem Gott und zu eurem Gott.

Dass jener Schein-Jesus ähnliches sagte, darf man über natürlich nicht erwarten

Der Erschienene sagte, wohin seine Jünger gehen sollen.
Damit sie ihn dort sehen.

Der Erschienene sagte, wohin er selbst überall gehen wird.
Wo sie ihn nicht sehen können.

Und dann? Ein paar Fragen der Frauen an den geliebten Meister?

Über das Wie es so geht, über das Woher und Wohin. –
Aber nein, nicht doch! Nichts da! Absolut keinerlei weibliche Neugier?

	Sie ging und berichtete es denen, die mit ihm zusammen gewesen waren,		Maria von Magdala ging zu den Jüngern und verkündete ihnen:
	und die nun klagten und weinten.		
	Als sie hörten, er lebe		
	und sei von ihr gesehen worden,		Ich habe den Herrn gesehen.
			Und sie richtete aus, was er ihr gesagt hatte.
	glaubten sie es nicht.		

Im ältesten Evangelium glaubten die Jünger der Maria diese Erscheinung nicht

Sie kannten jene Maria gut. Und ihre Dämonen.
Und die Lehren Jesu auch.

Jesus erschien zwei von den Jüngern beim Weg aufs Land.
Bei Markus in einer anderer Gestalt. Wie Blinden bei Lukas

Sogar einigen seiner Jünger schien Jesus dann zu erscheinen. Über natürlich
In den letzten Kapiteln der Evangelien.

Und die sind wirklich das Letzte!

Matthäus	Markus 16,12	Lukas 24,13-31	Johannes
	Darauf erschien er ... zweien von ihnen,	Am gleichen Tag waren zwei von den Jüngern	
	als sie unterwegs waren und aufs Land gehen wollten.	auf dem Weg in ein Dorf namens Emmaus ...	

Vermutlich wollten sie nach dem ganzen Ärger schnellstmöglich nach Hause.
Kleopas war einer dieser Jünger, bei Lukas. Obwohl der Name sonst unbekannt ist.

		Während sie redeten und ihre Gedanken austauschten,	

Was für eine andere Ausdrucksweise als in den anderen Teilen dieses Evangeliums!

	... erschien er	kam Jesus hinzu und ging mit ihnen.	
	in einer anderen Gestalt ...		
		Doch sie waren wie mit Blindheit geschlagen, so daß sie ihn nicht erkannten. ...	

Jesus erschien als ein anderer Mensch – Oder die Jünger erkannten ihn nicht
Woran erkennt man seinen geliebten und gekreuzigten Chef?

A) an seinem Gesicht   B) an seiner Stimme
C) an Löchern in den Händen   D) an der Art des Brotbrechens?

Die richtige Antwort lautet: D.
Wenn es Abend wird.
Wenn er danach nicht mehr zu sehen ist:
Lukas 24,30-31

		Sie antworteten ihm: Das mit Jesus aus Nazaret. Er war ein Prophet, mächtig in Wort und Tat vor Gott und dem ganzen Volk. ...	
		Wir aber hatten gehofft, daß er der sei, der Israel erlösen werde.	

Jesus war ein Prophet! Der Israel erlösen werde!
Was für ein seltsames Christentum hatte Jesus seinen Jüngern denn verkündet?
Ein ganz anderes Christentum, als die Nachfolger seiner Jünger heute lehren.

Der Herr schien dem Simon erschienen zu sein, bei Lukas

Zwei Evangelien stimmen einigermaßen überein
Zwei Jünger, nach all dem Ärger in der Hauptstadt Jerusalem,
wahrscheinlich auf der Flucht, auf dem Weg zurück in ihre ruhige Heimat.
Welch eine gute Übereinstimmung! Schon seltsam.
Aber dann: eine christliche Umkehr. Genauer; zwei!

Matthäus 28	Markus 16,13	Lukas 24,33-35	Johannes 20-21
	Auch sie gingen	Noch in derselben Stunde brachen sie auf und kehrten nach Jerusalem zurück,	
		und sie fanden die Elf und die anderen Jünger versammelt.	

Also waren die zwei Jünger keine von den Elfen, keine der auserwählten Jünger
Jesus schien zuerst zwei weniger wichtigen Jüngern zu erscheinen.
Warum sollte er denn das tun? Nachdem er die Elf ganz speziell auserwählt hatte …
Wollten diese weniger wichtigen jetzt wichtiger erscheinen durch eine Erscheinung?

		Diese sagten: Der Herr ist wirklich auferstanden und ist dem Simon erschienen.	

Aber er soll auch Simon, seinem Hauptjünger, erschienen gewesen sein
Ohne dass man von dieser Erscheindung vor Simon selbst etwas genaueres erfährt.
Aber nur in einem Evangelium geschah das. Die drei anderen wissen davon gar nichts.
Nicht Simon sagte ihnen, dass der Herr ihm erschienen war
Sondern die Elf sagten es: also mit dem Simon dabei.
Schon sehr seltsam:
diese Erzählung von einer erzählten Erzählung einer erschienenen Erscheinung.

	und berichteten es den anderen,	Da erzählten auch sie, was sie unterwegs erlebt und wie sie ihn erkannt hatten, als er das Brot brach.	
	und auch ihnen glaubte man nicht.		

Erst fangen zwei Evangelien mal so übereinstimmend an: mit den zwei Jüngern.
Aber dann vermurksen es doch noch
und widersprechen sich wieder mal gegenseitig.
Oh diese Offenbarung! Welch eine Heilige Schrift!
Mit göttlicher Hilfe geschrieben?
Mit ein bisschen Phantasie erlogen!

Jesus erschien: den Elf – Oder zwei und Elf und anderen – Oder den (zehn?) Jüngern trotz verschlossener Türen

Noch am selben Tag, am Tag des leeren Grabes, schien das so. Schrieben sie
Nicht, wie den Frauen, ganz früh am Morgen,

sondern erst spät am Abend.

Nicht als es noch dunkel war,

sondern als es schon wieder dunkel war.

Diese Erscheinungen schien das helle Tageslicht zu scheuen.

Wie vielen Jüngern Jesus zu erscheinen schien?

Den Elf.

Den zwei Emmaus-Jüngern und den Elf und anderen Jüngern,

Den Jüngern ohne Thomas.

Matthäus 28	Markus 16,14	Lukas 24,33.36-40	Johannes 20,19-20
	Später ...	Während sie noch darüber redeten,	Am Abend dieses ersten Tages der Woche,
	... auch den Elf,		
		[die zwei Emmaus-Jünger und die Elf und die anderen Jünger]	
			als die Jünger
			aus Furcht vor den Juden
			die Türen ver-schlossen hatten,

Der Erscheinende konnte durch Wand oder Schlüsselloch eindringen
Genau wie die Geister in viertklassigen Gespenstergeschichten.

	... erschien Jesus ...	trat er selbst in ihre Mitte	kam Jesus, trat in ihre Mitte

Welch ein Wunder: Jesus schien auch anderen Jüngern zu erscheinen
Oder trat sogar in ihre Mitte. – Durch mehrere verschlossene Türen!
Durch den Stein vor seinem Grab kam Jesus nicht, der musste weggewälzt werden.
Aber durch verschlossene Türen oder Mauern konnte er passieren. Oder Fenster.

	als sie bei Tisch waren;		

Bei Markus erschien Jesu Erscheinung beim Essen. Oder beim Trinken?
Auf Trauerfeiern wird schließlich öfter mal etwas mehr gebechert.
Und der Verstorbene erhält dabei oft noch seinen früheren Platz frei gehalten.
Und man gedenkt seiner: was er jetzt wohl gesagt und gemacht hätte.

		und sagte zu ihnen: Friede sei mit euch!	und sagte zu ihnen: Friede sei mit euch!

Und nicht etwa: Wie geht's euch denn so? Was gibt's zu essen und zu trinken?
Wer hat uns denn heute eingeladen? –
Das hat Jesus nicht gefragt. Nein nein.

Jesu Jünger glaubten dem Erschienenen nicht, bei Lukas

Matthäus 28	Markus 16,14	Lukas 24,37-41	Johannes 20,20
		Sie erschraken und hatten große Angst, denn sie meinten, einen Geist zu sehen.	

Obwohl die Emmaus-Jünger von ihrer Erscheinung erzählt hatten!
Und obwohl die Elf erzählt hatten, dass Jesus dem Simon erschienen war!

Matthäus 28	Markus 16,14	Lukas 24,37-41	Johannes 20,20
	er tadelte ihren Unglauben und ihre Verstocktheit,		
		Da sagte er zu ihnen:	
		Was seid ihr so bestürzt?	
	weil sie denen nicht glaubten, die ihn nach seiner Auferstehung gesehen hatten.	Warum lasst ihr in euerem Herzen solche Zweifel aufkommen?	

Jesu eigene Jünger glaubten der Erscheinung Jesu nicht

Christen heute, die nichts gesehen haben, müssen glauben

Matthäus 28	Markus 16,14	Lukas 24,37-41	Johannes 20,20
		Seht meine Hände und meine Füße an: Ich bin es selbst.	
		Faßt mich doch an, und begreift: Kein Geist hat Fleisch und Knochen, wie ihr es bei mir seht.	
		Bei diesen Worten zeigte er ihnen seine Hände	Nach diesen Worten zeigte er ihnen seine Hände
		und Füße.	
			und seine Seite.

Einen Seitenstich hatte Jesus nur bei Johannes.
Und bei Lukas Löcher in den Füßen.

Matthäus 28	Markus 16,14	Lukas 24,37-41	Johannes 20,20
		Sie staunten,	
		konnten es aber vor Freude	Da freuten sich die Jünger,
		immer noch nicht glauben.	
			daß sie den Herrn sahen.

Jesu Jünger glaubten nicht der Erscheinung Jesu

Trotz seiner Löcher in Händen und Füßen!

Was war da denn da zu glauben, wenn Jesus wirklich direkt in ihrer Mitte stand?

Aber wir Menschen, die wir nichts gesehen haben, wir müssen glauben?

Der erschienene Jesus wollte etwas essen: nur bei Lukas

Jesus wollte etwas essen: bei einem Evangelisten.
Als Beweis dafür, dass er wirklich ganz der alte Jesus war?
Denn auch früher hatte Jesus immer gern gegessen und getrunken:
**Dieser Fresser und Säufer,
dieser Freund der Zöllner und Sünder**

Matthäus	Markus	Lukas	Johannes
9,9-10 11,19	2,14-15	5,29 7,33-38 15,1-2 19,5-7	

So auch jetzt wieder:
Auch als frisch Auferstandener war Jesus noch so hungrig wie früher.

Matthäus 28	Markus 16	Lukas 24,41-43	Johannes 20
		Da sagte er zu ihnen: Habt ihr etwas zu essen hier?	

Auferstehen konnte Jesus. Und in der Mitte der Jünger auftauchen.
Aber dann stellte er eine so einfache Frage?
Hatte er doch einen Hirnschaden erlitten?
Oder war er nicht ganz so allwissend wie ein Sohn Gottes wäre?

		Sie gaben ihm ein Stück gebratenen Fisch;	
		er nahm es und aß es vor ihren Augen.	

Die Erscheinung Jesu konnte in einem Evangelium essen
Der erschienene Jesus zeigte ihnen, dass er Fisch essen kann.
Tatsächlich: Jesus aß ein Stück Bratfisch. Ohne Angst vor Gräten.
Beim letzten Herren-Abendmahl hatten sie nur Brot und Wein gehabt
Aber jetzt: gebratenen Fisch. Ohne Brot. In Jerusalem: weit weg von Fischgewässern.
War plötzlich der Wohlstand ausgebrochen?

War das der Beweis: Jesus ist wirklich auferstanden?
War dieser Jesus kein Traum und keine Einbildung und keine Vorstellung:
weil er ein Stück Fisch gegessen hat?
Aber auch im Traum oder in der Einbildung oder einer Vorstellung
kann jemand ein Stück Fisch essen.
Das beweist nix!

Ob Jesus danach auch noch auf den Abort gegangen ist?
Um einen zusätzlichen Beweis für seine Leiblichkeit zu liefern?

Jesus sagte, dass er gesagt hatte, was in den Schriften steht.
Aber nur bei Lukas

Matthäus 20	Markus 16	Lukas 24,44-46	Johannes 20
		Dann sprach er zu ihnen:	
		Das sind die Worte, die ich zu euch gesagt habe, als ich noch bei euch war:	

Als ob Jesus denn gerade jetzt nicht auch bei ihnen war?
Nicht einmal seine Jünger wussten bisher, was er ihnen früher gesagt hatte?
Obwohl Jesus es ihnen so oft gesagt hatte.
Gesagt haben soll.

Schrieben die Evangelisten und ihre Abschreiber
einige Jahrzehnte später ...

		Alles muß in Erfüllung gehen, was im Gesetz des Mose, bei den Propheten und in den Psalmen über mich gesagt ist.	

Das stimmt sogar, wenn auch nur in ganz spezieller Weise
Nichts steht dort über Jesus gesagt.
Und *alles das* ging auch in Erfüllung.

		Darauf öffnete er ihnen die Augen für das Verständnis der Schrift.	

Einige Worte der Bibel wurden so lange hin und her gedeutet
bis sie zu den gewünschten Vorstellungen passten.

		Er sagte zu ihnen: So steht es in der Schrift:	
		Der Messias wird leiden und am dritten Tag von den Toten auferstehen,	

So steht es aber in keiner jüdischen Schrift der damaligen Zeit
Sonst wären die damaligen Schriftgelehrten zu Christen geworden.
Sonst hätten viel mehr Juden der Botschaft Jesu geglaubt.
Aber zu Christen wurden vor allem Fischer und andere einfache,
der Heilige Schrift ziemlich unkundige Menschen.
Die hingegen schwere Arbeit und Hunger sehr gut kannten.

Allen Völkern Vergebung der Sünden durch Umkehren – Oder Sünden-Vergebung durch die Jünger. Oder auch nicht

Matthäus 20	Markus 16	Lukas 24,47-49	Johannes 20,21-23
			Jesus sagte noch einmal zu ihnen: Friede sei mit euch! Wie mich der Vater gesandt hat, so sende ich euch.

Ganz genau so, wie sein Vater Jesus ausgesandt hatte? Als Gottes Söhne!?

| | | und in seinem Namen | … |

Im Namen des Messias!
Nicht im Namen des Vaters und des Sohnes und des Heiligen Geizes.

| | | wird man allen Völkern, angefangen in Jerusalem, verkünden, | |

„man" wird verkünden. Werden die Jünger Jesu selbst nicht verkündigen?

| | | sie sollen umkehren, damit ihre Sünden vergeben werden. Ihr seid Zeugen dafür. | |

Vergebung der Sünden durch Umkehr! Die Jünger sollen das bezeugen

| | | | Nachdem er das gesagt hatte, hauchte er sie an |

Ein weiterer Beweis seiner Leiblichkeit.
In jenen Zeiten allgemeinen Mundgeruchs: vor Zahnpasta und Mundwasser.

| | | | und sprach zu ihnen: Empfangt den Heiligen Geist! |

Der schon wieder! Wie immer, wenn man nicht weiter weiß.

| | | | Wem ihr die Sünden vergebt, dem sind sie vergeben; |

Vergebung der Sünden durch Jesu Jünger! Die Jünger sollen das besorgen
Umkehren zur Vergebung: wie schon Johannes der Täufer gepredigt hatte.
Vergebung durch Jünger: Heiligen Geist und göttliche Macht haben sie.

| | | | wem ihr die Vergebung verweigert, dem ist sie verweigert. |

Oder auch nicht: wem die Jünger nicht vergeben, dem wird nicht vergeben

| | | Und ich werde die Gabe, die mein Vater verheißen hat, zu euch herabsenden. Bleibt in der Stadt, bis ihr mit der Kraft aus der Höhe erfüllt werdet. | |

Eine zukünftige Gabe vom Vater: die Kraft aus der Höhe. Kein Heiliger Geist?

Jesus erschien noch mal: für Finger und Hand des Thomas.
Aber nur bei Johannes

Extra für Thomas. Der den anderen Jüngern nicht glaubte. Extra bei Johannes
Er kannte sie wohl gut. – Aber wir sollen ihren Geschichten glauben.

Matthäus 28	Markus 16	Lukas 24	Johannes 20,24-29
			Thomas, genannt Didymus (Zwilling), einer der Zwölf, war nicht bei ihnen, als Jesus kam. …

Einer der Elf, müsste es doch jetzt heißen: Judas war nicht mehr dabei

			Acht Tage darauf waren seine Jünger wieder versammelt, und Thomas war dabei.

Das Jahr weiß keiner, aber genau acht Tage später war es
Johannes weiß genau das ganz sicher.

			Die Türen waren verschlossen.

Immer noch oder wieder, genau wie vor jenen acht Tagen

Johannes 20,19

			Da kam Jesus, trat in ihre Mitte und sagte: Friede sei mit euch!

Ob die Jünger zerstritten und uneins waren? Wie heute seine Kirchen?

			Dann sagte er zu Thomas: Streck deinen Finger aus – hier sind meine Hände!
			Streck deine Hand aus und leg sie in meine Seite

Maria Magdalena hatte ihren Jesus nicht fest halten dürfen

Johannes 20,17

			und sei nicht ungläubig, sondern gläubig!
			Thomas antwortete ihm: Mein Herr und mein Gott!

Tat Thomas, was er wollte und was Jesus ihm gesagt hatte?
Nein, offenbar hat er nicht in den Wunden Jesu herum gepopelt:
Und seinen Herrn Jesus nennt er plötzlich „Gott"? – Das hat es vorher nicht gegeben!

			Jesus sagte zu ihm: Weil du mich gesehen hast, glaubst du.

Hatte Thomas nur gesehen? Finger und Hand nicht hineingebohrt?

			Selig sind, die nicht sehen und doch glauben.

Der arme Thomas. Und die anderen Jesus-Seher
Die nicht mehr selig sind, weil sie Jesus gesehen haben.

Letzte Erscheinung: Für Elf auf einem Berg, bei Matthäus – Nur sieben am See von Tiberias, bei Johannes

Matthäus und Johannes schrieben von der Himmelfahrt kein Sterbenswörtchen

Bei diesen beiden Evangelisten gibt es nur letzte Erscheinungen. Zwei verschiedene.

Matthäus 28,16-20	*Johannes 21,1-7*
Die elf Jünger	
	Simon Petrus, Thomas, genannt Didymus (Zwilling), Natanaël aus Kana in Galiläa, die Söhne des Zebedäus und zwei andere von seinen Jüngern …

Alle elf Jünger Jesu, alle ohne Namen – Nur sieben der Jünger, drei mit Namen

gingen nach Galiläa auf den Berg, den Jesus ihnen genannt hatte.	
	Es war am See von Tiberias … Sie gingen hinaus und stiegen in das Boot. … Als es schon Morgen wurde,
Und als sie Jesus sahen, fielen sie vor ihm nieder.	stand Jesus am Ufer. Doch die Jünger

Jesus erschien auf dem Berg – Jesus erschien am Seeufer

Einige aber hatten Zweifel.	wußten nicht, daß es Jesus war.

Einige seiner elf Jünger bezweifelten, Jesus zu sehen!

Alle sieben Jünger erkannten nicht, dass es Jesus war!

Und obwohl Jesu Jünger nicht glaubten, müssen andere Menschen glauben!

Da trat Jesus auf sie zu	
und sagte ihnen:	Jesus sagte zu ihnen:
Mir ist alle Macht gegeben im Himmel und auf der Erde.	
	Meine Kinder, habt ihr nicht etwas zu essen?
	Sie antworteten ihm: Nein.

Alle Macht hatte Jesus allüberall – Aber seine Kinder nichts zu essen

Das war schon damals so wie heute: Der Allmächtige Vater gibt kein tägliches Brot.

	Er aber sagte zu ihnen: Werft das Netz auf der rechten Seite des Bootes aus, und ihr werdet etwas fangen.
	Sie warfen das Netz aus und konnten es nicht wieder einholen, so voller Fische war es.
	Da sagte der Jünger, den Jesus liebte, zu Petrus: Es ist der Herr!

Viele Fische im Netz? – Herr-lich war das!

	Als Simon Petrus hörte, daß es der Herr sei, gürtete er sich das Obergewand um, weil er nackt war, und sprang in den See.

Zog man damals Kleidung an, bevor man in das Wasser sprang?

Was elf Jüngern zuletzt geboten wurde: taufen und lehren! – Oder nur dem Simon: Jesus lieben und Schafe weiden!

Matthäus 28,19-20	*Johannes 21,15-18.20-21*
Darum geht zu allen Völkern, und macht alle Menschen zu meinen Jüngern; tauft sie auf den Namen des Vaters und des Sohnes und des Heiligen Geistes,	

Aber seine Jünger haben das nicht gemacht
Sie tauften zwar, aber nicht so wie geboten, sondern auf den Namen Jesus Christus.
Jesu Jünger haben nicht befolgt, was Jesus ihnen geboten hat?!

und lehrt sie, alles zu befolgen, was ich euch geboten habe.	

Alles! Das viele widerlich widersprüchliche!

	Simon, Sohn des Johannes, liebst du mich mehr als diese? … Jesus sagte z. ihm: Weide meine Lämmer!
	Zum zweitenmal fragte er ihn: Simon, Sohn des Johannes, liebst du mich? … Jesus sagte zu ihm: Weide meine Schafe!
	Zum drittenmal fragte er ihn: Simon, Sohn des Johannes, liebst du mich? … Jesus sagte zu ihm: Weide meine Schafe!

„Gott ist die Liebe"? – Jesus wollte geliebt werden!
Die Lämmer und Schafe des Zimmermannssohnes
sind Menschen, die der Fischer Petrus weiden soll!

	Amen, amen, ich sage dir: Als du jung warst, hast du dich selbst gegürtet und konntest gehen, wohin du wolltest. Wenn du aber alt geworden bist, wirst du deine Hände ausstrecken, und ein anderer wird dich gürten und dich führen, wohin du nichts willst.

Amen, amen: Petrus sollte es nicht anders ergehen als anderen Alten
Aber war das wirklich eine ganz wichtige Abschluss-Botschaft?

	Nach diesen Worten sagte er zu ihm: Folge mir nach!
	Petrus wandte sich um und sah, wie der Jünger, den Jesus liebte, (diesem) folgte. … Als Petrus diesen Jünger sah, fragte er Jesus: Herr, was wird denn mit ihm?

Neidisch auf den Geliebten? – Priesterneid ist ja nichts seltenes …

131

Jesus bleibt bei seinen Jüngern – Oder er ging weg von ihnen

Matthäus 28,19-20	Johannes 21,22
Seid gewiß: Ich bin bei euch alle Tage bis zum Ende der Welt. ***Ende dieses Evangeliums***	

Ich bin! Bei euch! Alle Tage! Bis zum Ende! Der Welt!
Nichts steht da vom Verduften Jesu. Ganz im Gegenteil!
Die Welt sollte zu Ende kommen! Und das Reich Gottes ankommen!

	Jesus antwortete ihm: Wenn ich will, daß er bis zu meinem Kommen bleibt, was geht das dich an? Du aber folge mir nach!

Petrus soll Jesus folgen. Der Lieblings-Jünger ist Jesus gefolgt
Aber wohin gingen die Drei dann? – Das steht dort nicht geschrieben.
Wie ließen Matthäus und Johannes ihren erscheinenden Jesus verschwinden?
Das steht dort nicht geschrieben.
Der erschienene Jesus latscht vielleicht heute noch irgendwo herum.

*

Jesu Tod war unerwartet und unbegreiflich für ihn und seine Jünger
Jesus angeblich wieder gesehen zu haben
ist ein nachträglicher, schlecht getarnter Versuch zur V-Erklärung
dieses schlechten Ausgangs ihrer Wünsche und Hoffnungen.

*

Warum hat Jesus nicht wieder selbst gepredigt?
Als Gekreuzigter und Auferstandener wäre er doch endlich überzeugend gewesen!
Seine Göttlichkeit wäre dadurch den Juden und Heiden zu beweisen gewesen!
Er hatte doch früher den Glauben an ihn durch Wunder begründet und gefordert.
Besseres, Wunderbareres, Überzeugenderes hätte Jesus nicht machen können!
In Jerusalem, vor allen Leuten, die ihn erst bejubelt und dann verurteilt hatten.
Die ihn am Kreuz hängen sahen. Vor den Schriftgelehrten. Vor den Römern.
Mit seinen Wundmalen! Und Berichten aus dem Jenseits …

Hat er aber nicht gemacht! Kein einziges Mal.
Obwohl er seine Worte an alle bringen wollte?
Weil seine Jünger das machen sollten?
Genau wie in den vielen anderen falschen Religionen
Auch dort müssen Gläubige ihren Gott an die anderen Menschen verkünden.
Denn diese angeblich allmächtigen Gotte können das nicht selbst?

*

Bei den vielen und geradezu brutalen Widersprüchen dieser vier Erzählungen
dürfte eine Übereinstimmung mit den tatsächlich geschehenen Ereignissen
vielleicht nur zufälliger Natur sein.

„aufgefahren in den Himmel"

Schon am Tag der Auferstehung: bei Markus und Lukas – Oder erst nach vierzig Tagen: in der Apostelgeschichte

Jesu Himmelfahrt gibt es nur in zwei Evangelien und in der Apostelgeschichte

Da musste er dahin zurück, wo er hergekommen war: in das Blaue des Himmels.

Markus 16,9.12	Lukas 24,1.13	Apostelgeschichte 1,3
Als Jesus am frühen Morgen des ersten Wochentages ...	Am ersten Tag der Woche ...	
Darauf erschien er in einer anderen Gestalt zweien von ihnen, als sie unterwegs waren ...	Am gleichen Tag waren zwei von den Jüngern auf dem Weg in ein Dorf namens Emmaus ...	
		Ihnen hat er nach seinem Leiden durch viele Beweise gezeigt, daß er lebt; vierzig Tage hindurch ist er ihnen erschienen ...

Am Tag der Entdeckung des leeren Grabes – Am Tag der Entdeckung des leeren Grabes – Frühestens vierzig (40!) Tage danach

Markus	Lukas	Apostelgeschichte 13,31
		... und er ist viele Tage hindurch denen erschienen, die mit ihm zusammen von Galiläa nach Jerusalem hinaufgezogen waren und die jetzt ... seine Zeugen sind.

Viele Tage hindurch

Markus	Lukas	Apostelgeschichte 10,40-41
		Gott ... hat ihn erscheinen lassen, zwar nicht dem ganzen Volk, wohl aber den von Gott vorherbestimmten Zeugen: uns, die wir mit ihm nach seiner Auferstehung von den Toten gegessen und getrunken haben.

Wann also müssen Christen die Himmelfahrt Jesu feiern?

Am Ostersonntag? Dem Tag der Entdeckung des leeren Grabes.

Oder an Christi Himmelfahrt? Vierzig Tage später.

Aber Jesus, genannt Christus, hat beide Feiertage nicht gewollt!

Wenn die Himmelfahrt erst 40 Tage später war

Dann hätte Jesus über sechs Wochen lang Zeit gehabt, um sich allen zu zeigen.

Wenn Jesus *wirklich* wollte, dass *alle* an ihn glauben und seinen Geboten folgen.

***Nach* der Himmelfahrt verkündeten sie, dass Jesus noch mal da gewesen wäre**

Erst als Jesus nicht mehr gesehen werden konnte, war er vorher oft zu sehen gewesen.

Jesu letztes Gebot: Geht in die Welt! – Bleibt in Jerusalem!

Markus 16,15	Lukas 24,46.49	Apostelgeschichte 1,4
Dann sagte er zu ihnen:	Er sagte zu ihnen: …	… gebot er ihnen:
Geht hinaus in die ganze Welt,		
	Bleibt in der Stadt,	Geht nicht weg von Jerusalem,
In die ganze Welt gehen – In der Stadt bleiben – Nicht weggehen von Jerusalem		
und verkündet das Evangelium allen Geschöpfen!		
	bis ihr mit der Kraft aus der Höhe erfüllt werdet.	
		sondern wartet auf die Verheißung des Vaters, die ihr von mir vernommen habt.

Klare Anweisungen? — Widersprüchliche Geschreibsel!

Letzte Prophezeiungen: über glauben und taufen und retten.
Oder über das Reich für Israel

Markus 16,16	Lukas 24	Apostelgeschichte 1,5-7
Wer glaubt und sich taufen läßt, wird gerettet;		
		Johannes hat mit Wasser getauft,
		ihr aber werdet schon in wenigen Tagen mit dem Heiligen Geist getauft.
wer aber nicht glaubt, wird verdammt werden.		

Glauben soll man und sich taufen lassen: für die eigene Rettung
Jesu Jünger werden demnächst mit dem Heiligem Geist getauft
Aber „seine" Hirten taufen schon Babys, die noch jahrelang nicht glauben können.

		Als sie nun beisammen waren, fragten sie ihn: Herr, stellst du in dieser Zeit das Reich für Israel wieder her?

Jesu Jünger waren offenbar nicht christlich, sondern noch jüdisch:
Sie hofften auf das Reich für Israel, auf ein irdisches Reich.

		Er sagte zu ihnen: Euch steht es nicht zu, Fristen und Zeiten zu erfahren, die der Vater in seiner Macht festgesetzt hat.

Offenbar war da was am Kommen, beim Reich für Israel.
Schließlich war es nur die Zeit, bei der Jesus widersprach.

Jesu Ankündigung für die Jünger: eine Gabe seines Vaters – Oder die Kraft des Heiligen Geistes

Markus 16	Lukas 24,49	Apostelgeschichte 1,8
	Und ich werde die Gabe, die mein Vater verheißen hat, zu euch herabsenden.	
		Aber ihr werdet die Kraft des Heiligen Geistes empfangen, der auf euch herabkommen wird;

Eine verheißene Gabe seines Vaters – Oder die Kraft des Heiligen Geistes

	Ihr seid Zeugen dafür.	und ihr werdet meine Zeugen sein

Da ist das Zeugen sein doch weniger anstrengend. Und nicht nachprüfbar
Auch für die apostolischen Nachfolger und ihre Nachfolger …

		in Jerusalem und in ganz Judäa und Samarien und bis an die Grenzen der Erde.

In München und in ganz Oberbayern und Schwaben und bis an die nicht vorhandenen Grenzen der Erde.

Oder mehr und besseres für Glaubende. Aber nur bei Markus

Markus 16,17-18	Lukas 24	Apostelgeschichte 1
Und durch die, die zum Glauben gekommen sind, werden folgende Zeichen geschehen:		
In meinem Namen werden sie Dämonen austreiben;		
sie werden in neuen Sprachen reden;		
wenn sie Schlangen anfassen oder tödliches Gift trinken, wird es ihnen nicht schaden;		
und die Kranken, denen sie die Hände auflegen, werden gesund werden.		

Mehrere klare und eindeutige Zeichen für den wahren Glauben!
Her mit Schlangen und Gift für christliche Priester! Oder ein paar Kranke:
Sind diese Priester wirklich zum Glauben gekommen? Zum richtigen Glauben?
Aber irgendwie sind diese Zeichen ihres Christus bei Christen äußerst unbeliebt
Millionenfach gedruckt und gelesen müssen sie werden.
Aber sich auf die Worte ihres Auferstandenen verlassen? – Pustekuchen!

Während Jesus sie segnete, verließ er sie – Oder ohne Segnen wurde er in den Himmel aufgenommen. – Oder in eine Wolke

Achtung, jetzt kommt es: Jesus verduftet, er macht die Fliege, die Flatter

Vom Esstisch – Nach einem Spaziergang – Vom Essen

Jesus verschwand zweimal beim Essen. Oder war es beim Trinken?

Bei Trauerfeiern wird schließlich öfters mal etwas gebechert …

Markus 16,19	Lukas 24,50-51	Apostelgeschichte 1,9
	Dann führte er sie hinaus in die Nähe von Betanien.	
Nachdem Jesus, der Herr, dies zu ihnen gesagt hatte,		Als er das gesagt hatte,
	Dort erhob er seine Hände und segnete sie.	

Den allerletzten Segen Jesu hat nur Lukas gesehen

	Und während er sie segnete, verließ er sie	

Und sein Verlassen auch

wurde er	und wurde	wurde er
		vor ihren Augen
in den Himmel		
	zum Himmel	
	emporgehoben;	emporgehoben,
		und eine Wolke
aufgenommen		nahm ihn auf

Eigentlich war es keine Himmelfahrt, sondern eine Art Aufzug

… wurde er … – Jesus selbst musste nichts machen.

Oder waren seine Jünger selbst schon im dritten Himmel oder etwas umnebelt?

„Fresser und Säufer" Jesus hatte mit ihnen ja immer gerne einen gehoben.

Aber ist Gott nicht immer irgendwie etwa wolkiges?

Irgendwie hinter einem Nebel?

Den nur wenige Auserwählte durchblicken können?

Sagen sie … und kassieren dafür.

Worin stimmen die drei überein? – Frauen waren wieder keine dabei

Genau wie beim letzten Herren-Abend-Mahl.

Anders als beim Kreuz und Grab.

„er sitzt zur Rechten Gottes, des allmächtigen Vaters"

Nur bei Markus konnten die Jünger das sehen

Markus 16,19	Lukas 24,52	Apostelgeschichte 1,9
und setzte sich zur Rechten Gottes.		
	sie aber fielen vor ihm nieder.	
		und entzog ihn ihren Blicken.

Nur Markus sah Jesus an der rechten Seite Gottes sitzen.
Bei Lukas sahen die Jünger auf den Boden.
In der Apostelgeschichte konnten sie Jesus nicht mehr sehen.
Aber Christen müssen an die Rechte Seite Gottes glauben
Wenn schon glauben, dann bitte doch das Unglaublichere!
Niemand hat Gott je gesehen
Also kann auch niemand seine rechte Seite gesehen haben.
Aber dass Jesus dort sitzt, das hat Markus ganz genau gesehen?
Worauf der Herr, dein Gott, und Jesus, der Herr, wohl sitzen?
Auf einem Sofa XXXL? Auf einer Wolkenbank?
Und der noch abwesende Heilige Geist muss wild herumflattern?

*

Jesus hat neben dem Allmächtigen Platz genommen
Jesu Diener wollen neben den Mächtigen dieser Erde ihren Platz haben
Und über diese Macht herrschen. Oder zumindest von dieser Macht profitieren:
Durch Sonderrechte, Steuerfreiheiten, Steuergelder …

Allmacht! Das ist so eine Lieblingseinbildung der Priester und Theologen
Etwas was ihr Gott hat. Etwas was sie gerne hätten. Ein bisschen. Wenigstens.
Aber lieber etwas mehr davon. Und noch etwas mehr. Usw.

An alle Mächtigen und Einflussreichen haben sie sich mit Erfolg herangemacht
An die Könige und Kaiser von Gottes Gnaden,
an die Verfasser der Weimarer Republik,
an den von der Vorsehung auserwählten Führer,
an die gewählten Regierenden der BRD und DDR.
Überall erlangten die Hirten spezielle Sonderrechte für ihre Kirchen.

Sogar die Grundlagen unseres Staates: Menschenwürde und Menschenrechte
sollen auf einmal aus den Lehren ihres Gottes und seiner Kirchen stammen.
Welch eine unverschämte Frechheit!

Zwei Männer in weißen Gewändern standen plötzlich da. Wenn auch nur in der Apostelgeschichte

Auch den Aposteln konnten zwei Männer erscheinen
Nicht nur den Frauen am Grab:

Lukas 24,2-11

Wenn auch nur in der Apostelgeschichte.
In einer Geschichte über die Apostel.

Markus 16	Lukas 24	Apostelgeschichte 1,10-11
		Während sie unverwandt ihm nach zum Himmel emporschauten,
		standen plötzlich zwei Männer in weißen Gewändern bei ihnen

Die zwei Evangelisten mit Jesu Himmelfahrt haben
die zwei nicht gesehen. Oder nicht erfunden.

Den Aposteln erschienen sie in weißen Gewändern,
nicht in leuchtenden wie früher den Frauen.

		und sagten: Ihr Männer von Galiläa,

Nur die Männer aus Galiläa dabei waren?
Nur die waren auch bei der Himmelfahrt dabei?
Offenbar hatte Jesus in Jerusalem niemanden von sich überzeugen können!

		was steht ihr da und schaut zum Himmel empor?

Eine schön blöde Frage konnten die beiden Männer stellen!
Doppelt blöde, weil Jesus in der Apostelgeschichte nicht in den Himmel,
sondern in eine Wolke aufgenommen worden war!
Der Wolke hätten die Galiläer nachblicken müssen.

		Dieser Jesus, der von euch ging

Wie denn? Wo denn? Wann denn?
Gab es denn noch einen anderen Jesus? Der nicht von ihnen ging?

		und in den Himmel aufgenommen wurde,
		wird ebenso wiederkommen, wie ihr ihn habt zum Himmel hingehen sehen.

Zum Himmel ist er hingegangen?
Und so zu Fuß kommt er auch zurück? Zu ihnen: zu seinen Aposteln.

Was machten die Jünger nach seiner Himmelfahrt?
Wiedermal wirklich widerlich Widersprüchliches!

Also das in diesen Heiligen Schriften Übliche.

Markus 16,(14)20	Lukas 24,(50)52-53	Apostelgesch. 1,(4)12-14
Sie aber zogen aus		
	Dann kehrten sie	Dann kehrten sie
(...sie bei Tisch waren ...)		(... gemeinsamen Mahl ...)
	(... Nähe von Betanien ...)	
		vom Ölberg, der nur einen Sabbatweg von Jerusalem entfernt ist,

Bei Tisch – In der Nähe von Betanien – Beim gemeinsamen Mahl am Ölberg
Da hatten diese drei Auffahrten stattgefunden.

und predigten überall.		
	in großer Freude	
	nach Jerusalem zurück.	nach Jerusalem zurück. Als sie in die Stadt kamen,
	Und sie waren immer im Tempel	
		gingen sie in das Obergemach hinauf, wo sie nun ständig blieben:

Vom Tisch weg ausgezogen, überall hin
Nach Jerusalem zurück, immer im Tempel
Nach Jerusalem zurück, ständig im Obergemach

... und predigten ...		
	und priesen Gott.	
		Sie alle verharrten dort einmütig im Gebet
	Ende des Evangeliums	

Predigend – Gott preisend – Im Gebet verharrend

		zusammen mit den Frauen und mit Maria, der Mutter Jesu, und mit seinen Brüdern.

Warum haben die Frauen keine Namen mehr?
Und wo kam plötzlich die Mutter Jesu her?
Und seine Brüder? Alle vier? Wirklich?

Der Herr stand ihnen bei und bekräftigte die Verkündigung durch die Zeichen, die er geschehen ließ.		
Ende des Evangeliums		

Und welche Zeichen waren das, die der Herr geschehen ließ?
Offenbar waren sie Markus des Aufschreibens nicht wert.

Die eine göttliche Wahrheit?
Die vielen gedruckten Widersprüche!

Wenn schon die wichtigsten Tatsachen in Jesu Leben nicht übereinstimmen ...
Seine Geburt und Taufe,
sein Tod und seine Auferstehung,
sein Wiedererscheinen und seine Himmelfahrt
werden mehrfach äußerst widersprüchlich beschrieben!

... wie kann man dann Jesu Worten glauben?
Angeblich seinen, göttlichen.
Flüchtig wie gesprochene Worte sind!
Verändert wie sie durch viele Übermittlungen werden!

Wenn schon Berichte über Ereignisse sich so krass widersprechen
wie darf man sich dann auf Berichte über die gesprochenen Worte Jesu verlassen?
Wenn noch nicht einmal Tatsachen übereinstimmend wieder gegeben werden,
wie dann etwas so schwer oder gar Un-fassbares
wie die Worte oder der Wille Gottes?

Jesus Christus: wahrer Gott und wahrer Mensch. Sagen die Kirchen
Wenn Jesus als Gott versagte, dann weil er ein Mensch war.
Und wenn er als Mensch Mist baute, dann weil er Gott war.
Doch das Versagen der Doppelnatur macht alles nicht geringer, sondern schlimmer.

Jesus, ein Menschensohn, wurde gekreuzigt
Wie zu jener Zeit schätzungsweise zehn andere in jeder Woche.
Christus, der Gottessohn, wurde emporgehoben
Wie auch in anderen Religionen Götter in den Himmel zurück kehrten.

In jenen Zeiten war es ziemlich leicht,
als Mensch zu einem Gott werden.
Nicht nur römische Kaiser wurden zu Göttern,
auch Paulus wäre fast zu einem Gott geworden,
zu einem Gott gemacht worden:
Apostelgeschichte 14,11-18
Apostelgeschichte 28,6

Also konnte das auch einem anderen Menschen
passiert sein. Auch viele Jahre danach noch ...

Priester und Künstler erzählen das mit Jesus besser als seine Evangelien
Bei den phantastischen Widersprüchen dieser Heiligen Schriften,
genauer: bei den Heiligen Widersprüchen dieser phantastischen Schriften,
ist das allerdings kein Wunder.

„von dort wird er kommen"

Zu Jesu *damaligen* Zuhörern sollte das Himmelreich Gottes *bald* gekommen sein

Das Himmelreich, das Reich Gottes kommt *zu euch*!
Das war das Evangelium Jesu, das war *seine* Frohbotschaft für *seine* Zuhörer
Aber diese Botschaft, *sein* Evangelium, ist das überlesenste Wort Jesu.

Von da an begann Jesus zu verkünden: Kehrt um!
Denn das Himmelreich ist nahe. ...
Matthäus 4,17

Jesus zog in ganz Galiläa umher ... verkündete das Evangelium vom Reich ...
Matthäus 4,23

Euch aber muß es zuerst um sein Reich und um seine Gerechtigkeit gehen;
Matthäus 6,33 (Bergpredigt)

Jesus zog durch alle Städte und Dörfer, lehrte in ihren Synagogen,
verkündete das Evangelium vom Reich ...
Matthäus 9,35

Diese Zwölf sandte Jesus aus ... Geht und verkündet: Das Himmelreich ist nahe.
Matthäus 10,5-7

Wenn man euch in einer Stadt verfolgt, so flieht in eine andere.
Amen, ich sage euch:
Ihr werdet nicht zu Ende kommen mit Israels Städten, bis der Menschensohn kommt.
Matthäus 10,23

Amen, ich sage euch:
Von denen, die hier stehen, werden einige den Tod nicht erleiden,
bis sie den Menschensohn in seiner königlichen Macht kommen sehen.
Matthäus 16,28

Wenn ihr nicht ... wie die Kinder werdet, könnt ihr nicht in das Himmelreich kommen.
Matthäus 18,3

Genauso sollt ihr erkennen, wenn ihr das alles seht, daß das Ende vor der Tür steht.
Amen, ich sage euch:
Diese Generation wird nicht vergehen, bis das alles eintrifft.
Matthäus 24,33-34

Seid also wachsam! Denn ihr wißt nicht, an welchem Tag euer Herr kommt.
Matthäus 24,42

Darum haltet auch ihr euch bereit!
Denn der Menschensohn kommt zu einer Stunde, in der ihr es nicht erwartet.
Matthäus 24,44

Seid also wachsam! Denn ihr wißt weder den Tag noch die Stunde.
Matthäus 25,13

Doch ich erkläre euch: Von nun an werdet ihr den Menschensohn zur Rechten
der Macht sitzen und auf den Wolken des Himmels kommen sehen.
Matthäus 26,64

Seid gewiß: Ich bin bei euch alle Tage bis zum Ende der Welt.
Matthäus 28,20

... er verkündete das Evangelium Gottes und sprach: Die Zeit ist erfüllt,
das Reich Gottes ist nahe. Kehrt um, und glaubt an das Evangelium!

Markus 1,14-15

Amen, ich sage euch: Von denen, die hier stehn, werden einige den Tod nicht erleiden,
bis sie gesehen haben, daß das Reich Gottes in (seiner ganzen) Macht gekommen ist.

Markus 9,1

Genauso sollt ihr erkennen, wenn ihr
all das geschehen seht, daß das Ende vor der Tür steht. Amen, ich sage euch:
Diese Generation wird nicht vergehen, bis das alles eintrifft.

Markus 13,29-30

Seht euch also vor und bleibt wach! Denn ihr wißt nicht, wann die Zeit da ist. ...

Markus 13,33

Er soll euch, wenn er plötzlich kommt, nicht schlafend antreffen. ... Seid wachsam!

Markus 13,36-37

Und ihr werdet den Menschensohn zur Rechten der Macht sitzen
und mit den Wolken des Himmels kommen sehen.

Markus 14,62

Ich muß auch den anderen Städten das Evangelium vom Reich Gottes verkünden;
denn dazu bin ich gesandt worden.

Lukas 4,43

In der folgenden Zeit wanderte er von Stadt zu Stadt und von Dorf zu Dorf
und verkündete das Evangelium vom Reich Gottes.

Lukas 8,1

Und er sandte die Zwölf aus mit dem Auftrag, das Reich Gottes zu verkünden ...
Er ... redete zu ihnen vom Reich Gottes ...

Lukas 9,2 und 11

Wahrhaftig, das sage ich euch: Von denen, die hier stehen, werden einige
den Tod nicht erleiden, bis sie das Reich Gottes gesehen haben. ...

Lukas 9,27

Laß die Toten ihre Toten begraben, du aber geh und verkünde das Reich Gottes! ...
Keiner, der ... nochmals zurückblickt, taugt für das Reich Gottes.

Lukas 9,60.62

Heilt ... und sagt den Leuten: Das Reich Gottes ist euch nahe. ...
... doch das sollt ihr wissen: Das Reich Gottes ist nahe.

Lukas 10,9.11

Euch jedoch muß es um sein Reich gehen ... Denn euer Vater hat beschlossen, euch
das Reich zu geben.

Lukas 12,31-32

Legt euren Gürtel nicht ab, und laßt eure Lampen brennen!
Seid wie Menschen, die auf die Rückkehr ihres Herrn warten ...

Lukas 12,35-36

Haltet auch ihr euch bereit! Denn der Menschensohn kommt zu einer Stunde, in der ihr
es nicht erwartet.

Lukas 12,40

Bis zu Johannes hatte ... Seitdem wird das Evangelium vom Reich Gottes verkündet ...

Lukas 16,16

Weil Jesus schon nahe bei Jerusalem war, meinten die Menschen, die
von all dem hörten, das Reich Gottes werde sofort erscheinen.

Lukas 19,11

… dann richtet euch auf, und erhebt eure Häupter, denn eure Erlösung ist nahe.
Lukas 21,28
Genau so sollt ihr erkennen, wenn ihr
(all) das geschehen seht, daß das Reich Gottes nahe ist. Amen, ich sage euch:
Diese Generation wird nicht vergehen, bis alles eintrifft. …
Lukas 21,31-32
Wacht und betet allezeit, damit ihr
allem, was geschehen wird, entrinnen und vor den Menschensohn hintreten könnt.
Lukas 21,36
Darum vermache ich euch das Reich, wie es mein Vater mir vermacht hat …
Lukas 22,29
„Amen" heißt: wahrlich, fürwahr, gewiss, so sei es, so ist es
Auch wenn es dann ganz anders war? Wenn es unwahr war?

Die erste, also wichtigste Bitte im Gebet, das Jesus seine Hörer lehrte
Unser Vater im Himmel, dein Name werde geheiligt,
dein Reich komme,
Matthäus 6,9-10 (Bergpredigt)
Vater, dein Name werde geheiligt.
Dein Reich komme.
Lukas 11,2

Auch in seinen Gleichnissen ging es Jesus oft um das Himmelreich Gottes
Mit dem Himmelreich ist es wie einem Mann, der guten Samen auf seinen Acker …
Matthäus 13,24-30 – Markus 4,26-29 – Lukas 8,4-10
Mit dem Himmelreich ist es wie mit einem Senfkorn, das ein Mann auf seinen Acker …
Matthäus 13,31-32 – Markus 4,30-32 – Lukas 13,20-19
Mit dem Himmelreich ist es wie mit einem Sauerteig, den eine Frau unter einen …
Matthäus 13,33 – Lukas 13,20-21
Mit dem Himmelreich ist es wie mit einem Schatz, der in einem Acker vergraben war …
Matthäus 13,44
Auch ist es mit dem Himmelreich wie mit einem Kaufmann, der schöne Perlen …
Matthäus 13,45-46
Weiter ist es mit dem Himmelreich wie mit einem Netz, das man ins Meer warf …
Matthäus 13,47-50
Mit dem Himmelreich ist es deshalb wie mit einem König, der beschloß, von seinem …
Matthäus 18,23-35
Denn mit dem Himmelreich ist es wie mit einem Gutsbesitzer, der früh am Morgen …
Matthäus 20,1-16
Mit dem Himmelreich ist es wie einem König, der die Hochzeit seines Sohnes …
Matthäus 22,2-14
Dann wird es mit dem Himmelreich sein wie mit zehn Jungfrauen, die ihre Lampen …
Matthäus 25,1-13

Und noch öfters sprach Jesus über das Reich Gottes
Matthäus 5,3.10.12.19.20; 7,21; 8,11; 11,11.12; 12,28.32; 16,19; 18,1-4.23-35; 19,12-24; 20,1-23; 21,31-43; 22,2-14; 23,13; 24,14; 25,1-46 und 26,29
Markus 4,21-25; 9,1.42-58; 10,14-15.23-25 und 14,25
Lukas 6,20.23; 7,28; 8,10; 9,27.60.62; 11,2.20; 13,22-30; 14,15; 17,20-21; 18,15-30 und 22,16-30

Das *bald kommende* Gottesreich zu verkünden, das war *das* Anliegen Jesu!
Dreimal sollte das Reich Gottes angeblich sogar schon (fast) da sein!
Vermutlich konnten Jesus und seine Jünger es kaum noch aushalten.
So wie Kinder das Auspacken der Geschenke nicht erwarten können.
Wenn ich aber die Dämonen durch den Geist Gottes austreibe,
dann ist das Reich Gottes schon zu euch gekommen.
Matthäus 12,28
Falsch gedacht, Jesus: dann wäre der Geist Gottes gekommen. Nicht sein Reich!
Ein Geist ist doch etwas anderes als ein Reich.
Wenn ich aber die Dämonen durch den Finger Gottes austreibe,
dann ist doch das Reich Gottes schon zu euch gekommen.
Lukas 11,20
Falsch gedacht, Jesus: dann wäre der Finger Gottes gekommen. Nicht sein Reich!
Ein Finger ist doch etwas ganz anderes als ein Reich.
Als Jesus von den Pharisäern gefragt wurde, wann das Reich Gottes komme,
antwortete er: Das Reich Gottes kommt nicht so,
daß man es an äußeren Zeichen erkennen könnte.
Man kann auch nicht sagen: Seht, hier ist es!, oder: Dort ist es!
Denn: Das Reich Gottes ist (schon) mitten unter euch.
Lukas 17,20-21
Aber diese Stelle der göttlich-christlichen Offenbarung
ist offenbar nicht so offen und nicht so für bare Münze zu nehmen.
Denn in der dazu gehörenden Fußnote der Einheitsübersetzung
der beiden (noch großen) Kirchen steht gedruckt:
Andere Übersetzungsmöglichkeiten:
Das Reich Gottes ist (eines Tages / plötzlich) unter euch da.
Oder: Das Reich Gottes ist in euch. – Gegen die zweite Möglichkeit spricht,
daß die Evangelien das Wirken Gottes im Innern des Menschen
nicht als „Reich Gottes" bezeichnen.
Also: eines Tages / plötzlich wird es *unter euch* sein.
Unter seinen damaligen Zuhörern!

Eines ist offensichtlich offenbar: Jesus hat sich geirrt oder Christus hat gelogen
Statt des Endes dieser Welt – kam das Ende seines Lebens!
Statt eines himmlischen Reiches Gottes – viele irdische Religionen reicher Priester!
Vom vor fast 2000 Jahren gekommenen Reich Gottes wissen Schafe heute nichts?
Na so k-ein Zufall aber auch!

Die *wahre* Botschaft Jesu? Was wollte Jesus *uns* sagen? – Nichts!
Denn Jesus sprach zu *seiner* Generation, zur letzten Generation
vor dem Kommen des Himmelreichs, vor dem Ende dieser Welt.
Ein grundlegender Irrtum, wie er falscher nicht sein konnte.
Jesus und seine Jünger glaubten am Ende der Zeit zu leben
Angebliche „Christen" begannen mit Jesus eine neue Zeitrechnung

Warten auf Gott? – Das ist wie *Warten auf Godot*. Nur viel blöder …

Der zweite Petrusbrief – rechnet falsch und verwirrend

… daß beim Herrn ein Tag wie tausend Jahre
und tausend Jahre wie ein Tag sind
Zweiter Petrusbrief 3,8

Um die klarste und wichtigste Botschaft jenes Jesus weg zu deuten.
Aber Jesus hatte gar nicht von Tagen oder Jahren gesprochen.
Er sprach zu Menschen und von ihren Leben, zu und in denen das kommen werde.
Jesus verkündete das Kommen des Himmelreichs Gottes. Dafür haben „seine"
Heiligen Schriften ein Wort: Parusie,
Theologen eine Lehre: Eschatologie,
Hirten einen Ersatz: Advent.
Oder sind seine vielen sich christlich nennenden Kirchen das Reich Gottes?
Manche möchten das wohl wirklich sein.
So unmenschlich wie es in ihnen und bei ihnen zugeht.
So viele Versprechen, alle nur Versprecher. So oft versprochen, alles gebrochen!
Wenn „seine" Kirchen ebenfalls viel versprechen und nichts davon halten,
so ist das kein Wunder, sondern die wahre Nachfolge jenes sich irrenden Jesus.

Jesu Lehren haben keinen zeitlosen Anspruch: er sprach zu seinen Zuhörern
Er hat nichts für später aufgeschrieben oder gesagt, dass man etwas aufschreiben soll.
Von zig-millionenfachen Drucken ganz zu schweigen.
Aber was Jesus sagte ist weniger richtig
als was „seine" Hirten und Schafe glauben wollen.
Für Jesus ist diese Welt wie ein sinkendes Schiff: bald schon am Untergehen
Und so wie dort andere Regeln gelten, so verkündete auch Jesus allerhand Seltsames.
Jesus wollte *seine* Zuhörer vor der bald kommenden Katastrophe warnen
Er verkündete, was man vorher noch tun soll, um dabei gerettet zu werden.
Jesus wollte nicht das Zusammenleben aller Menschen auf der Erde verbessern
Keine Regeln erlassen für ein globales Zusammenleben verschiedenster Menschen.
Trotzdem glauben Christen heute, dass Jesus zu ihnen selbst gesprochen hätte
Ihre Hirten sagen ihnen, dass jene Worte an sie gerichtet wären.
So beziehen die Schafe Jesu Worte egozentrisch auf sich,
anstatt zu lesen, was dort wirklich geschrieben steht.
Wenn man Jesus glaubt, dann kann man christlichen Kirchen nicht glauben
Zu jener Generation sollte das Himmelreich, das Reich Gottes kommen.
Aber es kam nicht, sondern viele Hirten und Kirchen, die gut davon leben.
Die einige Worte Jesu verkünden, und viele Worte Jesu missachten.

Jesus hat sich geirrt: seine meist wiederholte Verkündigung war falsch
Wenn man seiner meist wiederholten Verkündigung glaubt, ist Jesus unglaubwürdig.
Obwohl sie Jesu Evangelium nicht glauben, glauben manche an Jesus?
Etwas glauben, obwohl dieser Glaube falsch ist?
Nichts ist unmöglich! In Hirnen! Der Hirten!
Die werden immerhin gut dafür bezahlt.
Aber warum glauben die zahlenden Schafe?

Nach gewalt(tät)igen Krisen und Kriegen und Katastrophen

Matthäus 24-25 – Markus 13 – Lukas 21 – **und weitere Stellen**
Kriege und Unruhen müssen geschehen,
Völker und Reiche werden sich gegeneinander erheben.
Die Menschen werden vor Angst vergehen in der Erwartung der Dinge.
Brüder werden einander dem Tod ausliefern,
Väter ihre Kinder, und Kinder ihre Väter.

> Kriegerisch und unmenschlich
> sei sein Anfang.

An vielen Orten wird es Seuchen und Hungersnöte geben,
jene Tage werden eine Not bringen, wie es noch nie eine gegeben hat.

> Und diese Qualen sind
> der Wille Gottes.

Weh aber den Frauen, die in jenen Tagen schwanger sind oder ein Kind stillen.
Betet darum, daß ihr nicht im Winter oder an einem Sabbat fliehen müsst.

> Wie lieb dieser
> angeblich liebe Gott sein wird.

Gewaltige Erdbeben wird es geben.
Am Himmel wird man gewaltige Zeichen sehen,
es werden Zeichen sichtbar werden an Sonne, Mond und Sternen,
die Kräfte des Himmels werden erschüttert werden:
die Sonne wird sich verfinstern,
der Mond nicht mehr scheinen,
die Sterne vom Himmel fallen.

> Was seit Jahrmilliarden beständig war, wird zerfallen!
> Aber verweste Menschenleichen werden wieder hergestellt?

Dann wird man den Menschensohn
mit großer Macht und Herrlichkeit auf einer Wolke kommen sehen.

> In stockdunkler Finsternis?

Er wird seine Engel unter lautem Posaunenschall aussenden.

> Ghettoblaster waren noch nicht erfunden.

Wie der Dieb in der Nacht.
Wer gerade auf dem Dach ist, soll nicht hinabsteigen,
wer auf dem Feld ist, nicht zurückkehren um seinen Mantel zu holen.

> Heimtückisch und schlagartig
> käme sein Reich.

Von zwei Männern oder Frauen wird einer mitgenommen,
der andere zurückgelassen,

> Jeder zweite hat Glück und darf zu Hause bleiben?

seine Engel werden die Auserwählten
aus allen vier Windrichtungen zusammenführen.

> Und viele hoffen, dass sie dabei sein werden.
> Beim himmlischen Erlösungs-Lotto.

Jesus war ein Angstmacher und Furchteinflößer
Die Offenbarung des Johannes hat noch Grauenvolleres vorherzusagen

> Ein so brutal kommender Menschensohn wäre ein *lieber* Gott?

„Gott ist die Liebe"?

„zu richten die Lebenden und die Toten"

Hier auf Erden lässt Gott Vater alles laufen, wie es eben so geht
Da ist ihm alles gleichgültig und piepegal:
denn er läßt seine Sonne aufgehen über Bösen und Guten,
und er läßt regnen über Gerechte und Ungerechte.
Matthäus 5,46 (Bergpredigt)
denn auch er ist gütig gegen die Undankbaren und Bösen.
Lukas 6,35 (Feldrede)
Auch Jesus wollte nicht schlichten oder richten hier auf Erden
Er hat das eindeutig abgelehnt:
Einer aus der Volksmenge bat Jesus:
Meister, sag meinem Bruder, er soll das Erbe mit mir teilen.
Er erwiderte ihm:
Mensch, wer hat mich zum Richter und Schlichter bei euch gemacht?
Lukas 12,13-14

Aber dann: Beim Jüngsten Gericht!
Da werden Gott und Jesus plötzlich ganz perfekte Richter sein!?
Nachdem beide auf Erden jahrtausendelang
alles haben laufen lassen wie es gerade gekommen ist!

Sogar die Toten werden lebendig gemacht, damit auch sie gerichtet werden

Aber erst dann, wenn es viel zu spät ist für Reue und Besserung!
Wenn jede Bestrafung nur noch Rache ist.
Wenn die Strafe weder den Opfern noch den Verbrechern
noch der Gesellschaft etwas nützt.

Dann schauen wir uns den Ablauf des göttlichen Gerichtsverfahren doch mal etwas an.

Die Hörer Jesu konnten das Gericht Gottes vermeiden!

Matthäus 7,1-2 (Bergpredigt)	Lukas 6,37
Richtet nicht, damit ihr nicht gerichtet werdet!	Richtet nicht, dann werdet auch ihr nicht gerichtet werden.
Denn wie ihr richtet, so werdet ihr gerichtet werden …	
	Verurteilt nicht, dann werdet auch ihr nicht verurteilt werden.

Andere nicht mehr richten!
Dann wird man selbst auch nicht gerichtet
So einfach kann man diese angeblich perfekte göttliche Gerechtigkeit austricksen!

Und sie konnten die Vergebung Gottes herbei führen!!

Matthäus 6,12 (Bergpredigt, Vaterunser)	Lukas 6,37
Und erlaß uns unsere Schulden, wie auch wir sie unsern Schuldnern erlassen haben.	Erlaßt einander die Schuld, dann wird auch euch die Schuld erlassen werden.

Gott macht den Menschen ihr Erlassen nach

Matthäus 7,2 (Bergpredigt)	Markus 4,24
… und nach dem Maß, mit dem ihr meßt und zuteilt, wird euch zugeteilt werden.	Nach dem Maß, mit dem ihr meßt und zuteilt, wird euch zugeteilt werden …

Der Mensch kann auch das Strafmaß Gottes vorher bestimmen

Matthäus 6,14-15 (Bergpredigt)	Markus 11,25
Denn wenn ihr den Menschen ihre Verfehlungen vergebt, dann wird euer himmlischer Vater auch euch vergeben.	Und wenn ihr beten wollt und ihr habt einem anderen etwas vorzuwerfen, dann vergebt ihm, damit auch euer Vater im Himmel euch eure Verfehlungen vergibt.
Wenn ihr aber den Menschen nicht vergebt, dann wird euch euer Vater eure Verfehlungen auch nicht vergeben.	

Dieser überaus perfekte und gerechte Gott macht nach, was man ihm vormacht
Wenn man ihm etwas vormacht.
Und sich selbst.

Und alle Sünden und Lästerungen werden dabei vergeben!!!
Außer einer einzigen

Matthäus 12,31-32	Markus 3,28-29	Lukas 12,10
Jede Sünde und Lästerung wird den Menschen vergeben werden,	Alle Vergehen und Lästerungen werden den Menschen vergeben werden, so viel sie auch lästern mögen;	Jedem, der etwas gegen den Menschensohn sagt, wird vergeben werden;

Was für ein Ablassbrief: Jesus garantiert die Vergebung!
Über Jesus und über Gott darf man lästern soviel man will.
Also warum wird Gotteslästerung bestraft? Durch das Strafgesetzbuch.

Es gibt nur eine einzige Ausnahme

aber die Lästerung gegen den Geist wird nicht vergeben.	wer aber den Heiligen Geist lästert, der findet in Ewigkeit keine Vergebung, sondern seine Sünde wird ewig an ihm haften.	wer aber den Heiligen Geist lästert, dem wird nicht vergeben.

Nur der (Heilige) Geist ist wirklich heilig: ihn darf man auf keinesfalls lästern!
Und dieser Geist spricht meistens aus den Stellvertretern Gottes auf Erden …

Für wen war das *bald* kommende Reich Jesu bestimmt?

Was steht zum Beispiel in nur *einem* Evangelium: dem nach Matthäus:

Das Reich war nur für die Juden
Diese Zwölf sandte Jesus aus und gebot ihnen:
Geht nicht zu den Heiden, betretet keine Stadt der Samariter,
sondern geht zu den verlorenen Schafen des Hauses Israel.
Matthäus 10,5-6
Wenn man euch in der einen Stadt verfolgt, so flieht in eine andere.
Amen, ich sage euch: Ihr werdet nicht zu Ende kommen mit den Städten Israels,
bis der Menschensohn kommt.
Matthäus 10,23
Er antwortete: Ich bin nur zu den verlorenen Schafen des Hauses Israel gesandt. ...
Er erwiderte: Es ist nicht recht, das Brot den Kindern wegzunehmen
und den Hunden vorzuwerfen.
Matthäus 15,24.26

Das Reich war nur für die Nicht-Juden
Ich sage euch: Viele werden von Osten und Westen kommen
und mit Abraham, Isaak und Jakob im Himmelreich zu Tisch sitzen;
die aber, für die das Reich bestimmt war,
werden hinausgeworfen in die äußerste Finsternis;
Matthäus 8,11-12
Darum sage ich euch: Das Reich Gottes wird euch weggenommen
und einem Volk gegeben werden, das die erwarteten Früchte bringt.
Matthäus 21,43
Jerusalem, Jerusalem, du tötest die Propheten und steinigst die Boten ...
Wie oft wollte ich deine Kinder um mich sammeln ... aber ihr habt nicht gewollt.
Darum wird euer Haus (von Gott) verlassen.
Matthäus 23,38

Das Reich war für alle Menschen
Aber dieses Evangelium vom Reich wird auf der ganzen Welt verkündet werden,
damit alle Völker es hören; dann erst kommt das Ende.
Matthäus 24,14
Da trat Jesus auf sie zu und sagte zu ihnen: ...
Darum geht zu allen Völkern, und macht alle Menschen zu meinen Jüngern;
tauft sie ... und lehrt sie alles zu befolgen, was ich euch geboten habe.
Matthäus 28,19

Das Reich war für wenige Menschen
Aber das Tor, das zum Leben führt ist, eng,
und der Weg dahin ist schmal, und nur wenige finden ihn.
Matthäus 7,14
Denn viele sind gerufen, aber nur wenige auserwählt.
Matthäus 22,14

Nur für die Juden – Nur für die anderen – Für alle – Für wenige
Jener Jesus verkündete wirres, widersprüchliches Zeug!
Oder war Matthäus so völlig verwirrt? Oder wollte er verwirren?
Oder waren seine Abschreiber so verwirrt? Oder wollten sie verwirren?
Oder was am wahrscheinlichsten ist: Alles das zusammen?

Jesu Belohnung: das Reich Gottes mit Essen und Thronen

Wie wird es denn zugehen in diesem Reich, das Jesus in Aussicht stellt?
Wie beim Münchner im Himmel: beim Gepäckträger Aloisius?
Den ganzen Tag lang Hosianna singen und zwischendurch ein Manna saufen? Fast:

Lukas 13,29	Lukas 22,29
Und man wird von Osten und Westen und von Norden und Süden kommen und im Reich Gottes zu Tisch sitzen.	Ihr sollt in meinem Reich mit mir an meinem Tisch essen und trinken …

An Jesu Tisch sitzen, essen und trinken

Markus 14,25	Lukas 22,15-18
Ich werde nicht mehr von der Frucht des Weinstocks trinken bis zu dem Tag, an dem ich von neuem davon trinke im Reich Gottes.	Von nun an werde ich nicht mehr von der Frucht des Weinstocks trinken, bis das Reich Gottes kommt.

Wie könnte man es ohne Wein eine Ewigkeit lang dort aushalten …

Matthäus 19,28	Matthäus 25,31-32	Lukas 22,28-30
Amen ich sage euch: Wenn die Welt neu geschaffen wird und der Menschensohn sich auf den Thron der Herrlichkeit setzt,	Wenn der Menschensohn in seiner Herrlichkeit kommt und alle Engel mit ihm, wird er sich auf den Thron seiner Herrlichkeit setzen.	
werdet ihr, die ihr mir nachgefolgt seid, auf zwölf Thronen sitzen		In allen Prüfungen habt ihr bei mir ausgeharrt. … und ihr sollt auf Thronen sitzen
und die zwölf Stämme Israels richten.		und die zwölf Stämme Israels richten.
	Und alle Völker werden vor ihm zusammengerufen werden, und er wird sie voneinander scheiden, wie der Hirt die Schafe von den Böcken scheidet.	

Aber keinen Sex, bitte!

Matthäus 22,30	Markus 12,25	Lukas 20,35-36
Denn nach der Auferstehung werden die Menschen nicht mehr heiraten, sondern sein wie die Engel im Himmel.	Wenn nämlich die Menschen von den Toten auferstehen, werden sie nicht mehr heiraten, sondern sie werden sein wie die Engel im Himmel.	Die aber, die Gott für würdig hält, an jener Welt und an der Auferstehung von den Toten teilzuhaben, werden dann nicht mehr heiraten.

Denn es ist so: Manche sind von Geburt an zur Ehe unfähig,
manche sind von den Menschen dazu gemacht,
und manche haben sich selbst dazu gemacht – um des Himmelreichs willen.
Wer das erfassen kann, der erfasse es.
Matthäus 19,12

Alle sollten schon auf Erden wieder wie die Kinder werden:
Matthäus 18,4-5 und 19,14 – Markus 10,15 – Lukas 18,16

Jesu Bestrafung: die Hölle mit Verderben, Folter und Feuer

… sondern fürchtet euch vor dem,
der Seele und Leib ins Verderben der Hölle stürzen kann.
Matthäus 10,28
Fürchtet euch vor dem, der nicht nur töten kann,
sondern die Macht hat, euch auch noch in die Hölle zu werfen.
Ja, das sage ich euch: Ihn sollt ihr fürchten.
Lukas 12,5

Also: Fürchtet euch vor mir, Jesus, und meinem Vater!

Und in seinem Zorn übergab ihn der Herr den Folterknechten …
Ebenso wird mein himmlischer Vater jeden von euch behandeln …
Matthäus 18,34-35

Folter? Über natürlich! Und zwar für immer und ewig

Liebet eure Feinde! Das hat Jesus anderen geboten

Aber *seine* Feinde? Die wird er in die qualvolle Hölle werfen

Ein Vorbild an Heiligkeit und Tugend? Nein, an Scheinheiligkeit und Brutalität.

Dies irae! Der Tag des Zorns!

Mit der Musik von Mozart?

Der kannte noch genau, was Jesu Hirten heute nicht mehr predigen wollen.

Der Höllenterror jenes Jesus – ein großes Geheimnis heutigen Glaubens

Jeder, der seinem Bruder auch nur zürnt, soll dem Gericht verfallen sein;
wer zum Bruder sagt: Du Dummkopf!, soll dem Spruch des Hohen Rates verfallen sein;
wer aber zu ihm sagt: Du (gottloser) Narr!, soll dem Feuer der Hölle verfallen sein.
Matthäus 5,22 (Bergpredigt)
Der Menschensohn wird seine Engel aussenden, und sie werden aus seinem Reich
alle zusammenholen, die andere verführt und Gottes Gesetz übertreten haben,
und werden sie in den Ofen werfen, in dem das Feuer brennt.
Matthäus 13,41-42
So wird es auch am Ende der Welt sein: Die Engel werden kommen und die Bösen
von den Gerechten trennen und in den Ofen werfen, in dem das Feuer brennt.
Dort werden sie heulen und mit den Zähnen knirschen.
Matthäus 13,49
Dann wird er … zu ihnen sagen: Weg von mir, ihr Verfluchten, in das ewige Feuer,
das für den Teufel und seine Engel bestimmt ist. …
Und sie werden weggehen und die ewige Strafe erhalten …
Matthäus 25,41 und 46
Da rief er: Vater Abraham, hab Erbarmen mit mir; und schick Lazarus zu mir;
er soll wenigstens die Spitze seines Fingers ins Wasser tauchen
und mir die Zunge kühlen, denn ich leide große Qual in diesem Feuer.
Lukas 16,24

Was nicht geschieht: große Qual in diesem Feuer soll der reiche Mann *ewig* leiden!

So eine „Strafe" wäre nicht mal Zwei-Klassen-Justiz, sondern nur brutale Rache

Menschen in ewiges Feuer werfen? Jesus darf das

Religionen durften das, über natürlich, selbstverständlich: her mit den Scheiterhaufen!

Das ewige Feuer, der Ofen in dem Feuer brennt usw.

Alles das gibt es zur Hölle noch kostenlos dazu.

151

Folter im ewigen Feuer? – Jesus hat es so verkündet!

Hölle bedeutet nur an folgenden 13 Stellen „Ort der ewigen Qual"
*Die Bibel oder die ganze Heilige Schrift des Alten und Neuen Testaments
Berlin 1912. Preußische Haupt-Bibelgesellschaft. Klosterstr. 65/67.*

In einer heutigen Bibel wird das alles etwas anders v-erklärt:
Hölle An zwölf Stellen des Neuen Testaments der Ort der Verdammten
von Jesus unter verschiedenen Bildern beschrieben
(ewiges Feuer, Finsternis und Kälte, nagender Wurm)
*Die Bibel nach der Übersetzung Martin Luthers
Stuttgart 1985, Deutsche Bibelgesellschaft. Sach- und Worterklärungen*

Verschiedene Bilder machen weniger Angst als ein *Ort der ewigen Qual*
Heute soll dieser Gott nur noch ein *lieber* Gott sein!

Die ewige Grillparty jenes Jesus: mit lebendigem Menschenfleisch
Wer das nicht glaubte, musste auf die Scheiterhaufen seiner Kirchen
Scheiterhaufen gibt es heutzutage nicht mehr, der Menschlichkeit sei Dank.
Die waren im Vergleich zur Hölle sanft und milde.
Auch das Höllenfeuer Jesu wird immer kleiner und weniger heiß. Gott sei Dank?
Mehr der modernen Theologie: die Gottes Heilige Worte mit-menschlich umgedeutet.
In der heute so genannten „Frohbotschaft Christi" gibt es die Hölle und ihr Feuer
eigentlich kaum fast überhaupt gar nicht mehr so sehr.
Oder ist nicht so gemeint. Glauben viele.
Die sich trotzdem Christen nennen.

Jesus – die Idee der Barmherzigkeit!
So etwas wird gedruckt. Und sogar geglaubt?!
Warum? Liest niemand seine Worte? Darf man sie nicht glauben?

Im Katholischen Erwachsenen-Katechismus[3] kommt das Wort Hölle einmal vor
In einem Sprichwort.
Das Wort Himmel aber auf über 35 Seiten.
Das Wort Feuer dreimal: einmal in Feuerwehr und zweimal in Feuerbestattung.
Na so (k)ein Zufall auch! Dafür steht dort aber:

Heute geht es im Verständnis des achten Gebotes
um die sittliche Forderung nach Wahrheit und Wahrhaftigkeit
im gesamtmenschlichen Bereich. Das (achte) Gebot fordert dazu auf,
das persönliche, gesellschaftliche und öffentliche Leben
nach dem Maßstab von Wahrheit und Wahrhaftigkeit zu gestalten.
Katholischer Erwachsenen-Katechismus, Zweiter Band, Seite 483

Von Wahrhaftigkeit im religiösem Bereich steht da nichts
Über Gott und in der Kirche darf also weiterhin Unwahres gesagt werden.

---

[3]*Katholischer Erwachsenen-Katechismus, Zweiter Band, Leben aus dem Glauben*
Herausgegeben von der Deutschen Bischofskonferenz
Alles was gut ist, das ist auch biblisch und christlich und erst recht katholisch. So hätten sie es gern.
(Auch wenn es gegen den heftigen und langen Widerstand ihrer Kirche erkämpft werden musste)
http://dbk.de/katechismus
Man staune: mit Volltextsuche! Für die Einheitsübersetzung wird so etwas nicht angeboten.
Aber die ist ja auch kein Bischofswort, sondern nur Gottes Wort. Angeblich …

Was Jesu Hörer tun mussten, um nicht in ewiges Feuer geworfen zu werden

Schon nach einer Verführung mussten sie sich verstümmeln!

Denn die Versuchung ist schon so schlimm wie die böse Tat!
Ihr habt gehört, daß gesagt worden ist: Du sollst nicht die Ehe brechen.
Ich aber sage euch: wer eine Frau auch nur lüstern ansieht,
hat in seinem Herzen schon Ehebruch mit ihr begangen.
Matthäus 5,28 (Bergpredigt)

Matthäus 5,29 (Bergpred.)	Matthäus 18,9	Markus 9,47-48
Wenn dich dein rechtes Auge zum Bösen verführt, dann reiß es aus und wirf es weg!	Und wenn dich dein Auge zum Bösen verführt, dann reiß es aus und wirf es weg!	Und wenn dich dein Auge zum Bösen verführt, dann reiß es aus;
Denn es ist besser für dich, daß eines deiner Glieder verloren geht,	Es ist besser für dich, einäugig in das Leben zu gelangen,	es ist besser für dich, einäugig in das Reich Gottes zu kommen,
als daß dein ganzer Leib in die Hölle geworfen wird.	als mit zwei Augen in das Feuer der Hölle geworfen zu werden.	als mit zwei Augen in die Hölle geworfen zu werden,
		wo ihr Wurm nicht stirbt und das Feuer nicht erlischt.

Christen müssen sich ein Auge ausreißen, wenn sie etwas nur gesehen haben
Denn schon eine Verführung und nicht erst die versuchte oder
durchgeführte Untat zieht diese brutale Bestrafung nach sich.
Auge um Auge, hieß es bei früher: wer eines zerstört, soll seines verlieren
Bei Jesus genügte schon ein lüsterner Blick, dann musste man seines ausreißen!
Hallo Christ! Reißen Sie sich besser ein Auge aus
Wenn Sie schon einmal zu Bösem verführt wurden, und dies gesehen haben.
Schon einmal eine andere Frau angesehen und Lust empfunden? Raus damit!
Einen Finger seitlich, fest, tief in die Augenhöhle hinein drücken
und den Augapfel nach vorne heraus pressen und quetschen und fest reißen.
Es wird wirklich schrecklich grauenhaft unvorstellbar weh tun.
Dennoch müssen das so lange machen, bis Sie ihr Auge endlich heraus haben.
Sich ein Auge ausreißen ist sehr viel angenehmer als die Hölle Jesu Christi
Verkündete jener Gottessohn in seiner Botschaft,
verbreiten seine Hirten seit vielen Jahrhunderten,
müssen seine Schafe belämmert glauben.
Das andere Auge dürfen Christen behalten. – Bis zur nächsten Verführung …

Warum hacken so wenige Christen ihre Hand ab?

Matthäus 5,30 (Bergpredigt)	Markus 9,43
… wenn dich deine rechte Hand zum Bösen verführt, dann hau sie ab und wirf sie weg!	Wenn dich deine Hand zum Bösen verführt, dann hau sie ab;

Denn es ist besser für dich, daß eines deiner Glieder verloren geht, als daß dein ganzer Leib in die Hölle kommt.	es ist besser für dich, verstümmelt in das Leben zu gelangen, als mit zwei Händen in die Hölle zu kommen,
	in das nie erlöschende Feuer.

Sehr geehrte Christin! Kaufen Sie sich ein Hackebeil. Gehen Sie in Ihre Küche
Legen Sie Ihre linke Hand auf die Arbeitsfläche. (Linkshänder bitte umgekehrt.)
Nehmen Sie das Beil fest in ihre rechte Hand und hauen Sie mehrmals kräftig
auf ihr linkes Handgelenk, bis die linke Hand abgetrennt da herum liegt.

Sagte Jesus Christus, der Herr: nicht wortwörtlich, aber sinngemäß
Rufen Sie dann schleunigst den Notarzt, weil Sie sonst verbluten können.
Im Gegensatz zu Jesus wird er kommen und Ihnen wirklich helfen.
(Soweit Ihnen noch zu helfen ist.)

Und selbstverständlich müssen Sünder auch ihren Fuß abhacken

Matthäus 18,8	*Markus 9,45*
Wenn dich deine Hand oder dein Fuß zum Bösen verführt, dann hau sie ab und wirf sie weg!	Und wenn dich dein Fuß zum Bösen verführt, dann hau ihn ab;
Es ist besser für dich, verstümmelt oder lahm in das Leben zu gelangen, als mit zwei Händen und zwei Füßen in das ewige Feuer geworfen zu werden.	es ist besser für dich, verstümmelt in das Leben zu gelangen als mit zwei Füßen in die Hölle geworfen zu werden.

Männer sollten sich auch etwas zwischen Auge und Fuß Hängendes abhacken
Jesus sagte zu ihnen: ... Denn es ist so: Manche sind von Geburt an zur Ehe unfähig
... und manche haben sich selbst dazu gemacht – um des Himmelreiches willen.
Matthäus 19,12

Warum gibt es so wenige einäugige und einhändige und einfüßige Christen?
Wurden sie wirklich noch niemals zu etwas Bösem verführt?
Oder scheren sie sich nicht um die Gebote ihres Gottessohnes?
Obwohl, oder wenn, diese klar und eindeutig sind?

Was für eine angebliche Liebe, die eigene und fremde Qual und Folter androhte?
Die grenzenlose Güte Gottes! – Wer soll da für dumm verkauft werden?

Jesus wollte Menschen im Feuer der Hölle ewig brennen lassen
Jesus wollte sie ewig, ewig, ewig quälen. Man stelle sich das mal vor!

Die christliche Endlösung: das Jüngste Gericht und seine Strafen
Und willst du unser Schaf nicht sein, wird Jesus dich grillen, du armes Schwein!

Göttliche Liebe im Christentum? – Nein, unmenschliche Brutalität!

Jesus predigte Gewaltlosigkeit. Sagen Christen im Brustton der Überzeugung
Aber seine Gläubigen sollen sich verstümmeln. Sagte Jesus. Wem muss man glauben?

„Der Geist Jesu der Gewaltlosigkeit"

Aber Jesus predigte Gewalt gegen sich
Und den Nächsten und die Feinde sollte man lieben genau wie sich selbst ...

Bei Gott und mit Gott und durch Gott war keine Unmenschlichkeit unmöglich

Die Strafe soll dem Verbrechen angemessen sein
Ein uralter, mit-menschlicher Grundsatz, den dieser Gottessohn völlig missachtete.

Aber schlimm sündigen ist andererseits kein Problem! Denn extra für die Sünder war Jesus gekommen

Matthäus 9,12-13	Markus 2,17	Lukas 5,31-32
Er hörte es und sagte: Nicht die Gesunden brauchen den Arzt, sondern die Kranken. ...	Jesus ... sagte zu ihnen: Nicht die Gesunden brauchen den Arzt, sondern die Kranken.	Jesus antwortete ihnen: Nicht die Gesunden brauchen den Arzt, sondern die Kranken.
Denn ich bin gekommen, um die Sünder zu rufen, nicht die Gerechten.	Ich bin gekommen, um die Sünder zu rufen, nicht die Gerechten.	Ich bin gekommen, um die Sünder zur Umkehr zu rufen, nicht die Gerechten.

Da sagte Jesus zu ihnen: Amen, das sage ich euch:
Zöllner und Dirnen gelangen eher in das Reich Gottes als ihr.
Matthäus 21,31
... und ihr werdet Söhne des Höchsten sein; denn auch er ist gütig
gegen die Undankbaren und Bösen.
Lukas 6,35
Deshalb sage ich dir: Ihr [der Sünderin] sind ihre vielen Sünden vergeben,
weil sie (mir) so viel Liebe gezeigt hat.
Lukas 7,47
Ein Mann hatte zwei Söhne. Der jüngere ...: Vater, gib mir das Erbteil, das mir zusteht.
... führte er ein zügelloses Leben und verschleuderte sein Vermögen. ...
Kaum aber ist der hier gekommen, dein Sohn, der dein Vermögen mit Dirnen
durchgebracht hat, da hast du für ihn das Mastkalb geschlachtet.
Der Vater antwortete ihm: ... Aber jetzt müssen wir uns doch freuen
und ein Fest feiern; denn dein Bruder war tot und lebt wieder;
er war verloren und ist wiedergefunden worden.
Lukas 15,12-13,30-32
Denn der Menschensohn ist gekommen, um zu suchen und zu retten, was verloren ist.
Lukas 19,10
Jesus antwortete: Amen, ich sage dir: Heute noch wirst du mit mir im Paradies sein.
Lukas 23,42

Viel sündigen war sogar notwendig, damit Freude im Himmel herrscht

Hirten und ihre Schafe sind dieser Aufforderung Jesu oft genug gefolgt.

Matthäus 18,12-13	Lukas 15,4.7
Wenn jemand hundert Schafe hat und eines von ihnen sich verirrt, läßt er dann nicht die neunundneunzig auf den Bergen zurück und sucht das verirrte? Und wenn er es findet – amen, ich sage euch: er freut sich über dieses eine mehr als über die neunundneunzig, die sich nicht verirrt haben. So will auch euer himmlischer Vater nicht, dass einer von diesen Kleinen verloren geht.	Wenn einer von euch hundert Schafe hat und eins davon verliert, läßt er dann nicht die neunundneunzig in der Steppe zurück und geht dem verlorenen nach ... Ich sage euch: Ebenso wird auch im Himmel mehr Freude herrschen über einen einzigen Sünder, der umkehrt, als über neunundneunzig Gerechte, die es nicht nötig haben umzukehren.

Ich sage euch: Ebenso herrscht auch bei den Engeln Gottes
Freude über einen einzigen Sünder, der umkehrt.
Lukas 15,10

Was seine Hörer alles tun mussten, um in das Reich Gottes zu gelangen

Von neuem geboren werden und dann wie ein Kind werden, dem Vater im Himmel dienen und auch Jesus

Aus Wasser und Geist von neuem geboren werden

Jesus antwortete ihm: Amen, amen, ich sage dir: Wenn jemand nicht
von neuem geboren wird, kann er das Reich Gottes nicht sehen. … Jesus antwortete:
Amen, amen, ich sage dir: Wenn jemand nicht aus Wasser und Geist geboren wird,
kann er nicht in das Reich Gottes kommen. … Ihr müsst von neuem geboren werden.
Johannes 3,3.5.7

Dann wie ein Kind werden: unmündig, abhängig und ohne Sex

Matthäus 18,3	Markus 10,15	Lukas 18,17
Amen, das sage ich euch: Wenn ihr nicht umkehrt und wie die Kinder werdet, könnt ihr nicht ins Himmelreich kommen.	Amen, das sage ich euch: Wer das Reich Gottes nicht so annimmt, wie ein Kind, der wird nicht hineinkommen.	Amen, das sage ich euch: Wer das Reich Gottes nicht so annimmt, wie ein Kind, der wird nicht hineinkommen.

Doch Jesus sagte: Laßt die Kinder zu mir kommen; hindert sie nicht daran!
Denn Menschen wie ihnen gehört das Himmelreich.
Matthäus 19,14

Denn es ist so: Manche sind von Geburt an zur Ehe unfähig,
manche wurden von den Menschen dazu gemacht,
und manche haben sich selbst dazu gemacht – um des Himmelreiches willen.
Matthäus 19,12

… und brav die Gesetze und den Willen seines Vaters im Himmel erfüllen

Wer auch nur eines von den kleinsten Gesetzen aufhebt
und die Menschen entsprechend lehrt, der wird im Himmelreich der Kleinste sein.
Wer sie aber hält und halten lehrt, der wird groß sein im Himmelreich.
Matthäus 5,19

Nicht jeder, der zu mir sagt: Herr, Herr!, wird in das Himmelreich kommen,
sondern nur, wer den Willen meines Vaters im Himmel erfüllt.
Matthäus 7,21 (Bergpredigt)

… über natürlich auch den Geboten Jesu gehorchen und Jesus dienen

Matthäus 10,32	Lukas 12,8
Wer sich nun vor den Menschen zu mir bekennt, zu dem werde auch ich mich vor meinem Vater im Himmel bekennen.	Wer sich vor den Menschen zu mir bekennt, zu dem wird sich auch der Menschensohn vor den Engeln Gottes bekennen.

… und lehrt sie alles zu befolgen, was ich euch geboten habe.
Matthäus 28,20

Wer aber dem Sohn nicht gehorcht, wird das Leben nicht sehen …
Johannes 3,36

Wenn einer mir dient, wird der Vater ihn ehren.
Johannes 12,26

… und gerecht sein und Behinderte zum Essen einladen und sechs gute Werke tun und was man von anderen erwartet

Gerechtigkeit erleiden und vergrößern und verheimlichen

Selig, die um der Gerechtigkeit willen verfolgt werden; ihnen gehört das Himmelreich.
Matthäus 5,10 (Bergpredigt)

Darum sage ich euch: Wenn eure Gerechtigkeit nicht weit größer ist als die der Schriftgelehrten und Pharisäer, werdet ihr nicht in das Himmelreich kommen …
Matthäus 5,20 (Bergpredigt)

Hütet euch, eure Gerechtigkeit vor den Menschen zur Schau zu stellen; sonst habt ihr keinen Lohn von eurem Vater im Himmel zu erwarten.
Matthäus 6,1 (Bergpredigt)

… und keine Freunde, sondern Arme und Behinderte zum Essen einladen

Wenn du mittags oder abends ein Essen gibst, so lade nicht deine Freunde oder deine Brüder, deine Verwandten oder reiche Nachbarn ein; …
Nein, wenn du ein Essen gibst, dann lade Arme, Krüppel, Lahme und Blinde ein.
Du wirst selig sein, denn sie können es dir nicht vergelten; es wird dir vergolten werden bei der Auferstehung der Gerechten.
Lukas 14,12-14

… und etwas Gutes für arme und leidende Menschen tun. Aber im Verborgenen

Das irdische Leid von sechs Arten leidender Menschen lindern,
um damit den eigenen Aufstieg ins Jenseits zu verbessern:

Dein Almosen soll verborgen bleiben,
und dein Vater, der auch das Verborgenen sieht, wird es dir vergelten.
Matthäus 6,4 (Bergpredigt)

Der Menschensohn wird mit seinen Engeln in der Hoheit seines Vaters kommen und jedem Menschen vergelten, wie es seine Taten verdienen.
Matthäus 16,27

Kommt her, die ihr von meinem Vater gesegnet seid, nehmt das Reich in Besitz, das seit der Erschaffung der Welt für euch bestimmt ist.
Denn ich war hungrig, und ihr habt mir zu essen gegeben;
ich war durstig, und ihr habt mir zu trinken gegeben;
ich war fremd und obdachlos, und ihr habt mich aufgenommen;
ich war nackt, und ihr habt mir Kleidung gegeben;
ich war krank, und ihr habt mich besucht;
ich war im Gefängnis, und ihr seid zu mir gekommen.
Amen, das sage ich euch:
Was ihr für einen meiner geringsten Brüder getan habt, das habt ihr mir getan. …
Was ihr für einen dieser Geringsten nicht getan habt, das habt ihr auch mir nicht getan.
Matthäus 25,34-40.46

Die das Gute getan haben, werden zum Leben auferstehen,
die das Böse getan haben, zum Gericht.
Johannes 5,29

… und alles das machen, was andere machen sollen

Matthäus 7,12 (Bergpredigt)	Lukas 6,31 (Feldrede)
Alles, was ihr also von anderen erwartet, das tut auch ihnen!	Was ihr von anderen erwartet, das tut ebenso auch ihnen.

Der Patient muss erst den Arzt heilen, damit der ihn heilt …

... und wachsam sein und schweigsam, sich hinein drängeln, verfolgt, beschimpft, gehasst und ausgeschlossen werden

... und immer schön wachsam sein

Seid also wachsam! Denn ihr wißt nicht, an welchem Tag euer Herr kommt.
Matthäus 24,42
Seid also wachsam! Denn ihr wißt weder den Tag noch die Stunde.
Matthäus 25,13
Seid also wachsam! Denn ihr wißt nicht, wann der Hausherr kommt ...
Er soll euch, wenn er plötzlich kommt, nicht schlafend antreffen.
Was ich aber euch sage, das sage ich allen: Seid wachsam!
Markus 13,35-37
Wachet und betet allezeit, damit ihr allem, was geschehen wird, entrinnen
und vor den Menschensohn hintreten könnt.
Lukas 21,36

... und jedes Wort sorgfältigst überlegen

Nicht nur die Taten, auch die eigenen Worte sind wichtig!
Ich sage euch:
Über jedes unnütze Wort, das die Menschen reden,
werden sie am Tag des Gerichts Rechenschaft ablegen müssen;
denn aufgrund deiner Worte wirst du freigesprochen,
und aufgrund deiner Worte wirst du verurteilt werden.
Matthäus 12,36-37

... und sich in das Reich hinein drängeln

Nicht durch den Haupteingang und über die Autobahn,
sondern durch ein kleines Hintertürchen und über einen schmalen Schleichweg:

Matthäus 7,13-14 (Bergpredigt)	Lukas 13,23-24
	Da fragte ihn einer: Herr, sind es nur wenige, die gerettet werden?
Geht durch das enge Tor! Denn das Tor ist weit, das ins Verderben führt, und der Weg dahin ist breit, und viele gehen auf ihm. Aber das Tor, das zum Leben führt, ist eng, und der Weg dahin ist schmal, und nur wenige finden ihn.	Er sagte zu ihnen: Bemüht euch mit allen Kräften, durch die enge Tür zu gelangen; denn viele, sage ich euch, werden versuchen hineinzukommen, aber es wird ihnen nicht gelingen.

... und verfolgt und beschimpft und verleumdet und gehasst und ausgeschlossen in Verruf gebracht werden

Matthäus 5,10-11 (Bergpredigt)	Lukas 6,22-23 (Feldrede)
Selig, die um der Gerechtigkeit willen verfolgt werden; denn ihnen gehört das Himmelreich. Selig seid ihr, wenn ihr um meinetwillen beschimpft und verfolgt und auf alle mögliche Weise verleumdet werdet.	Selig seid ihr, wenn euch die Menschen hassen und aus ihrer Gemeinschaft ausschließen, wenn sie euch beschimpfen und euch in Verruf bringen um des Menschensohnes willen:
Freut euch und jubelt: Euer Lohn im Himmel wird groß sein.	Freut euch und jauchzet an jenem Tag; euer Lohn im Himmel wird groß sein.

… und nur fünf der Zehn Gebote halten. Dann alles verkaufen und das Geld den Armen geben

Matthäus 19,16-24	Markus 10,17-25	Lukas 18,18-25
Meister, was muß ich Gutes tun, um das ewige Leben zu gewinnen?	Guter Meister, was muß ich tun, um das ewige Leben zu gewinnen?	Guter Meister, was muß ich tun, um das ewige Leben zu gewinnen?

Diese Frage stellte: ein junger Mann – ein Mann – einer der führenden Männer

Jesus antwortete: *Du sollst nicht töten, du sollst nicht die Ehe brechen,*	Du kennst doch die Gebote: *Du sollst nicht töten, du sollst nicht die Ehe brechen,*	Du kennst doch die Gebote: *Du sollst nicht die Ehe brechen, du sollst nicht töten,*
du sollst nicht stehlen, du sollst nicht falsch aussagen,	*du sollst nicht stehlen, du sollst nicht falsch aussagen,*	*du sollst nicht stehlen, du sollst nicht falsch aussagen,*
	du sollst keinen Raub begehen;	
ehre deinen Vater und deine Mutter!	*ehre deinen Vater und deine Mutter!*	*ehre deinen Vater und deine Mutter!*
Und: *Du sollst deinen Nächsten lieben wie dich selbst!*		

Nur fünf oder sechs der Zehn Gebote halten!
Die menschlichen Gebote, die in allen Gesellschaften gelten.
Aber dann kam doch noch was dazu

Wenn du vollkommen sein willst, geh, verkauf deinen Besitz und gib das Geld den Armen, so wirst du einen bleibenden Schatz im Himmel haben;	Eines fehlt dir noch: Geh, verkaufe, was du hast, gib das Geld den Armen, so wirst du einen bleibenden Schatz im Himmel haben;	Eines fehlt dir noch: Verkauf alles, was du hast, verteil das Geld den Armen, und du wirst einen bleibenden Schatz im Himmel haben;
dann komm und folge mir nach!	dann komm und folge mir nach!	dann komm und folge mir nach!

Jesus war vermutlich arm, einer dieser Armen, als er das verlangte

Amen, das sage ich euch: Ein Reicher wird nur schwer in das Himmelreich kommen.	Wie schwer ist es für Menschen, die viel besitzen, in das Reich Gottes zu kommen!	Wie schwer ist es für Menschen, die viel besitzen, in das Reich Gottes zu kommen!
Eher geht ein Kamel durch ein Nadelöhr, als daß ein Reicher in das Reich Gottes gelangt.	Eher geht ein Kamel durch ein Nadelöhr, als daß ein Reicher in das Reich Gottes gelangt.	Denn eher geht ein Kamel durch ein Nadelöhr, als daß ein Reicher in das Reich Gottes gelangt.

Heißt es anders übersetzt statt Kamel „Schiffstau"
oder statt Nadelöhr „kleinstes Stadttor",
so ändert das nichts am Sinn:
Wer etwas hat, kommt nicht in das Reich Gottes.

… aber die von Jesus so oft geforderte totale Armut ist für Menschen unmöglich

… denn völlig arm muss man sein für das Himmelreich

Matthäus 5,3 (Bergpredigt)	Lukas 6,20 und 24 (Feldrede)
Selig die arm sind vor Gott; denn ihnen gehört das Himmelreich.	Selig ihr Armen, denn euch gehört das Reich Gottes. …
	Aber weh euch, die ihr reich seid; denn ihr habt keinen Trost mehr zu erwarten.

Das hatte Jesus schon öfters gefordert

Matthäus 6,19-20 (Bergpredigt)	Lukas 12,33
Sammelt euch nicht Schätze hier auf der Erde, wo Motte und Wurm sie zerstören und wo Diebe einbrechen und sie stehlen.	Verkauft eure Habe, und gebt den Erlös den Armen!
sondern sammelt euch Schätze im Himmel, wo weder Motte noch Wurm sie zerstören und keine Diebe einbrechen und sie stehlen.	Macht euch Geldbeutel, die nicht zerreißen. Verschafft euch einen Schatz, der nicht abnimmt, droben im Himmel, wo kein Dieb ihn findet und keine Motte ihn frißt.

Und noch ein paar mal, damit es auch wirklich jeder kapiert hatte

Matthäus 11,5	Lukas 4,18	Lukas 7,22
… und den Armen wird das Evangelium verkündet.	… damit ich den Armen eine gute Nachricht bringe;	… und den Armen wird das Evangelium verkündet.

Aber Jesu Jünger wussten trotzdem nicht,
dass man sich *so ganz völlig total bettelarm ruinös bankrott* machen sollte?

Matthäus 19,25-26	Markus 10,26-27	Lukas 18,26-27
Als die Jünger das hörten,	Sie [die Jünger] aber	
		Die Leute, die das hörten,
erschraken sie sehr	erschraken noch mehr	
und sagten:	und sagten zueinander:	fragten:
Wer kann dann noch gerettet werden?	Wer kann dann noch gerettet werden?	Wer kann dann noch gerettet werden?

Sogar die mit Jesus herum wandernden Jünger hatten noch viel zuviel Eigentum
Irgendwie. Irgendwo.
Auch sie waren für das Reich Gottes noch viel zu reich,
auch sie konnten offenbar nicht gerettet werden.

Jesus sah sie an und sagte zu ihnen: Für Menschen ist das unmöglich,	Jesus sah sie an und sagte: Für Menschen ist das unmöglich,	Er erwiderte: Was für Menschen unmöglich ist,
	aber nicht für Gott;	
für Gott aber ist alles möglich.	denn für Gott ist alles möglich.	ist für Gott möglich.

Christen, die ihr Menschen seid: für euch ist Jesu Gebot unmöglich!
Sagte euer Jesus höchstpersönlich selbst.
Nicht mal die Jünger Jesu konnten es.

… doch trotzdem mussten sie Haus oder Äcker verlassen, oder Brüder, Schwestern, Vater, Mutter, Frau oder Kinder!

Matthäus 19,28-29	Markus 10,28-29	Lukas 18,29-30
Amen, ich sage euch: … Jeder, der um	Amen, ich sage euch: Jeder, der um	Amen, ich sage euch: Jeder, der um
meines Namens willen	meinetwillen und um des Evangeliums willen	
		des Reiches Gottes willen
Häuser oder	Haus oder	Haus oder
Brüder, Schwestern, Vater, Mutter, Kinder	Brüder, Schwestern, Mutter, Vater, Kinder	Frau, Brüder, Eltern oder Kinder
oder Äcker	oder Äcker	
verlassen hat,	verlassen hat,	verlassen hat,
wird dafür das Hundertfache erhalten	wird das Hundertfache dafür empfangen: Jetzt in dieser Zeit …	wird dafür schon in dieser Zeit das Vielfache erhalten
	wenn auch unter Verfolgungen,	
und das ewige Leben gewinnen.	und in der kommenden Welt das ewige Leben.	und in der kommenden Welt das ewige Leben.

Das eigene Eigentum verlassen – das wollte Jesus seinen Zuhörern reich belohnen

100 Ersatz-Häuser wollte Jesus dafür besorgen. Und 100 Ersatz-Äcker!

Wo Jesus die hernehmen wollte?

Die eigene Familie sitzen lassen – das wollte Jesus reich belohnen

100 Ersatz-Brüder und -Schwestern, 100 Ersatz-Mütter und -Väter, 100 Ersatz-Kinder!

Wem Jesus die wegnehmen wollte?

Die Verachtung der eigenen Familie verlangte Jesus, und totale Gefolgschaft

Jesus war gekommen, um gesunde, intakte Familien zu zerstören:

Matthäus 10,34-36	Lukas 12,51-53
Denkt nicht, ich sei gekommen, um Frieden auf die Erde zu bringen. Ich bin nicht gekommen, um Frieden zu bringen, sondern das Schwert. Denn ich bin gekommen, …	Meint ihr, ich sei gekommen, um Frieden auf die Erde zu bringen? Nein, sage ich euch, nicht Frieden, sondern Spaltung. Denn von nun an wird es so sein:
… und die Hausgenossen eines Menschen werden seine Feinde sein.	Wenn fünf Menschen im gleichen Haus leben, wird Zwietracht herrschen. Drei werden gegen zwei stehen und zwei gegen drei,
… um den Sohn mit seinem Vater zu entzweien	der Vater gegen den Sohn und der Sohn gegen den Vater,
und die Tochter mit der Mutter	die Mutter gegen die Tochter und die Tochter gegen die Mutter,
und die Schwiegertochter mit ihrer Schwiegermutter, …	die Schwiegermutter gegen ihre Schwiegertochter und die Schwiegertochter gegen die Schwiegermutter.

Den toten Vater durfte einer nicht begraben, sondern musste ihn liegen lassen!

Matthäus 8,21-22	Lukas 9,59-60
Ein anderer aber, einer seiner Jünger, sagte zu ihm: Herr, laß mich zuerst heimgehen und meinen Vater begraben! Jesus erwiderte: Folge mir nach; laß die Toten ihre Toten begraben!	Der erwiderte: Laß mich zuerst heimgehen und meinen Vater begraben. Jesus sagte zu ihm: Laß die Toten ihre Toten begraben; du aber geh und verkünde das Reich Gottes!

Jesus predigte gegen die lebenden, irdischen Väter

Auch sollt ihr niemand auf Erden euren Vater nennen;
denn nur einer ist euer Vater, der im Himmel.
Matthäus 23,9

Auch die andere Familienagehörigen soll man ohne Abschied sitzen lassen

Wieder ein anderer sagte: Ich will dir nachfolgen, Herr.
Zuvor aber laß mich von meiner Familie Abschied nehmen.
Jesus erwiderte ihm: Keiner, der die Hand an den Pflug gelegt hat
und nochmals zurückblickt, taugt für das Reich Gottes.
Lukas 9,61-62

Jesus muss geliebt werden. Hassen muss man seine Familie. Und sich selbst!

Matthäus 10,37	Lukas 14,25-26 (Luthers Lukas!)
Wer Vater oder Mutter mehr liebt als mich, ist meiner nicht würdig, und wer Sohn oder Tochter mehr liebt als mich, ist meiner nicht würdig.	Viele Menschen begleiteten ihn … Wer zu mir kommt und haßt nicht seinen Vater und Mutter, Frau und Kinder, Brüder und Schwestern, und dazu sich selbst, der kann nicht mein Jünger sein.

Kinder in die Welt setzen? – Bei diesem Wohl und Wehe jenes Jesus lieber nicht

Ihr Frauen von Jerusalem, weint nicht über mich, weint über euch und eure Kinder!
Denn es kommen Tage, da wird man sagen:
Wohl den Frauen, die unfruchtbar sind, die nicht geboren und nicht gestillt haben.
Lukas 23,29

Matthäus 24,19-21	Markus 13,17-19	Lukas 21,23-23
Weh aber den Frauen, die in jenen Tagen schwanger sind oder ein Kind stillen.	Weh aber den Frauen, die in jenen Tagen schwanger sind oder ein Kind stillen.	Wehe den Frauen, die in jenen Tagen schwanger sind oder ein Kind stillen.
Betet darum, daß ihr nicht im Winter	Betet darum, daß dies alles nicht im Winter eintritt.	
oder an einem Sabbat fliehen müßt.		
Denn es wird eine so große Not kommen, wie es noch keine gegeben hat, seit die Welt besteht, …	Denn jene Tage werden eine Not bringen, wie es noch nie eine gegeben hat, seit Gott die Welt erschuf	Denn eine große Not wird über das Land hereinbrechen: Der Zorn (Gottes) wird über dieses Volk kommen.

Sind diese Worte göttlich? – Für Gläubige an Jesus Christus

Für Menschen guten Willens? – Sind sie unmenschlich

Aber es kommt noch unmenschlicher!

Nicht nur Unter-menschliches verlangte Jesus, sondern auch Über-menschliches!

… und noch die Liebes-Gebote befolgen

Jene drei berühmten Liebesgebote, die nicht eingehalten werden.
Und ein viertes, fast unbekanntes Liebesgebot, das ganz gut eingehalten wird.

Den Herrn, deinen Gott, lieben! – Sogar mit allen Gedanken!

Matthäus 22,36-38	Markus 12,28-30	Lukas 10,25-26
Meister,		Meister,
		was muß ich tun, um das ewige Leben zu gewinnen?
welches Gebot im Gesetz ist das wichtigste?	Welches Gebot ist das erste von allen?	
Er antwortete ihm:	Jesus antwortete:	Jesus sagte zu ihm:
		Was steht im Gesetz? Was liest du dort?
		Er [der Gesetzeslehrer] antwortete:

Das steht ähnlich schon geschrieben, das war nicht Jesu Gebot

Deuteronomium 6,4-5		
	Das erste ist: *Höre Israel, der Herr, unser Gott, ist der einzige Herr.*	
Du sollst den Herrn, deinen Gott, lieben	*Darum sollst du den Herrn, deinen Gott, lieben*	*Du sollst den Herrn, deinen Gott, lieben*
mit ganzem Herzen,	*mit ganzem Herzen*	*mit ganzem Herzen*
mit ganzer Seele	*und ganzer Seele*	*und ganzer Seele,*
und mit all deinen Gedanken.	und mit all deinen Gedanken	*mit all deiner Kraft*
	und all deiner Kraft.	und all deinen Gedanken,

Bitte noch einmal lesen. Bitte! Auch und besonders die letzten Zeilen …
Mit *ganzem* Herzen und *ganzer* Seele, *all* deiner Kraft und *all* deinen Gedanken

Haben Sie schon mal darüber nachgedacht, was das bedeutet?

Du sollst deinen Herrgott lieben, und zwar voll und ganz und komplett und total!
Mit ganzem Herz und ganzer Seele, mit aller Kraft und allen Gedanken!
100-prozentige Herrenliebe!
1000-promillige Gottesliebe!

Jesus hatte etwas hinzu gefügt: Man soll den Herrn mit allen Gedanken lieben!
Am besten keine gottlosen Gedanken haben!
Keine Gedanken an den Nächsten! Keine Gedanken an sich selbst!

„Die Gedanken sind frei"

Bei Jesus nicht! Ganz und gar nicht!!

Das Evangelium des Jüngers, den Jesus liebte, kennt dieses erste Gebot nicht
Im Evangelium nach Johannes steht es nirgendwo geschrieben.

... und den Nächsten so lieben wie sich selbst: nämlich nicht

Matthäus 22,39	Markus 12,31	Lukas 10,27
Ebenso wichtig ist das zweite:	Als zweites kommt hinzu:	und:
Du sollst deinen Nächsten lieben	*Du sollst deinen Nächsten lieben*	*Deinen Nächsten sollst du lieben*
wie dich selbst.	*wie dich selbst.*	*wie dich selbst.*

Genau wie das auch schon von Gott Vater geboten worden war
Du sollst deinen Nächsten lieben wie dich selbst,
ich bin der HERR.
Levitikus 19,18
Ich liebe mich, und genau so sehr auch dich!
Das müsste jeder Christ sagen. Genauer: machen!
Wenn er trotz der totalen Liebe des ersten Gebotes auch dieses zweite halten könnte.
Den Nächsten musste man lieben wie sich selbst,
und Gott sowieso voll und ganz
Wie dann noch Zeit und Energie haben, um die normalen, alltäglichen Dinge zu tun?
Schon wegen dieser Unerfüllbarkeit konnte das keine allgemein gültige Regel werden.

Liebe deinen Nächsten!
Das kann nicht funktionieren
Weil Menschen nur wenige andere Menschen wirklich lieben können:
ihren Partner, ihre Kinder, ihre Familie.
Und weil Menschen nicht auf Befehl hin lieben können.
Wer seinen Nächsten lieben soll wie sich selbst,
hat keine Zeit, sich selbst zu lieben.
Den Nächsten zu lieben wie sich selbst,
ist so unmöglich wie die Quadratur des Kreises.
Würde Gott seine Geschöpfe so schlecht kennen, dass er Unmögliches verlangt?

Und überhaupt: Wie soll man denn sich selbst lieben?
Was hat Jesus darüber gesagt?
Man soll sich um Kleidung so kümmern wie die Lilien auf dem Felde: also gar nicht.
Man soll um seine Gesundheit oder sein langes Leben nicht besorgt sein.
Man soll sich um das eigene Essen und Trinken nicht kümmern.
Man soll sich seinen Besitz wegnehmen lassen.
Man soll all sein Eigentum verschenken.
Man soll sich Unrecht gefallen lassen.
Das alles steht in der Bergpredigt!
Liest ein erwachsener, nachdenkender Christ mal, was dort alles geschrieben steht?
Gab oder gibt es einen Christ, der dieses Gebot jemals befolgt hat?
Stattdessen v-erzieht dieses Gebot zu Scheinheiligkeit und Lüge.

... und auch noch die eigenen Feinde lieben und für sie beten. Aber nur bei Matthäus und Lukas

Matthäus 5,44 (Bergpredigt)	Lukas 6,27-28 (Feldrede)
Ich aber sage euch:	Euch, die ihr mir zuhört, sage ich:
Liebt eure Feinde	Liebt eure Feinde;
	tut denen Gutes, die euch hassen.
	Segnet die, die euch verfluchen;
und betet für die, die euch verfolgen,	betet für die, die euch mißhandeln. ...

Aber auch die so sehr gerühmte Feindesliebe jenes Christus war nichts Neues
Hat dein Feind Hunger, gib ihm zu essen,
hat er Durst, gib ihm zu trinken,
so sammelst du glühende Kohlen auf sein Haupt,
und der Herr wird es vergelten.
Die Sprüche Salomos (Sprichwörter) 25,21-22
ähnlich *2. Buch der Könige 6,22-23*
ähnlich *2. Buch der Chronik 28,15*

Und *wie* sollen seine Zuhörer ihre Feinde lieben?

Matthäus 5,39-42 (Bergpredigt)	Lukas 6,29-30 (Feldrede)
Leistet dem, der euch etwas Böses antut, keinen Widerstand, sondern	
wenn dich einer auf die rechte Wange schlägt, dann halt ihm auch die andere hin.	Dem, der dich auf die eine Wange schlägt, halt auch die andere hin,
Und wenn dich einer vor Gericht bringen will,	und dem,
um dir das Hemd wegzunehmen, dann laß ihm auch den Mantel.	der dir den Mantel wegnimmt, laß auch das Hemd.
Und wenn dich einer zwingen will, eine Meile mit ihm zu gehen, dann geh zwei mit ihm.	
Wer dich bittet, dem gib,	Gib jedem der dich bittet;
und wer von dir borgen will, den weise nicht ab.	
	und wenn jemand dir etwas wegnimmt, verlang es nicht zurück.

Liebet eure Feinde Ausrufezeichen predigen sie Komma aber
... kämpft, sagten staatlich bezahlte Militärpriester.
... man muss Armeen und Waffen nicht abschaffen.
... heiratete um Gottes willen keine/n Andersgläubige/n.

Die Feinde zu lieben ist möglich: für Lügner und Heuchler
Scheinheilige und Schwätzer, Hirten und Schafe.

Warum sollten seine Zuhörer die Feinde lieben? Um Gottes Söhne zu werden!

Matthäus 5,45 (Bergpredigt)	Lukas 6,35 (Feldrede)
damit	... Dann
	wird euer Lohn groß sein,
ihr Söhne	und ihr werdet Söhne
eures Vaters im Himmel werdet;	des Höchsten sein;

Liebe deine Feinde: Denke an deinen Lohn im Himmel! Sei ein Egoist!

Werdet Söhne des Höchsten! So wie Jesus?

Liebestausch: Liebe geben für Liebe erhalten

Wenn die Liebe Gottes spärlich ausfällt? – Dann hat der Gläubige nicht genug geliebt.

denn er läßt seine Sonne aufgehen über Bösen und Guten, und er läßt regnen über Gerechte und Ungerechte.	
	denn auch er ist gütig gegen die Undankbaren und Bösen.

Seid zu allen gleich lieblich, wie der himmlische Vater

Der macht keinen Unterschied zwischen Bösen und Guten, zwischen Gerechten und Ungerechten. Obwohl das vielleicht interessant wäre: wenn die Sonne über Bösen nicht aufgehen würde.

Oder nur die Ungerechten nass geregnet werden würden.

Obwohl das gerecht wäre: wenn Gott nicht alle gleichgültig wären.

Matthäus 5,48 (Bergpredigt)	Lukas 6,36 (Feldrede)
Ihr sollt also vollkommen sein,	
	Seid barmherzig,
wie es auch euer himmlischer Vater ist.	wie es auch euer Vater ist.

Dem Vater im Himmel ist alles gleich gültig

Und so soll es auch bei Menschen sein: alles sei auch ihnen ganz egal.

Was für ein Blödsinn! Was für eine unmenschliche ungerechte Lehre!

die das Unrecht nicht bestraft und damit gerade zu Bösem verführt!

Jede Gesellschaft, die diese Gebote zu halten versucht, wird zusammenbrechen!

Ganz zu schweigen davon, dass die Menschen so sein sollen wie Gott!

Damals, im Paradies, hatte die *Schlange* das versprochen:

Sobald ihr davon eßt, gehen euch die Augen auf; ihr werdet sein wie Gott und erkennt Gut und Böse.

Genesis 3,5

Damals führte der Versuch zu schlimmer Strafe, aber jetzt sollen alle das versuchen?!

Eine Folge dieses Gebots: Christen brauchen Feinde; und machen sich welche

Und wenn sie die dann nicht lieben, dann gibt es dafür immer wieder „gute" Gründe.

*

Viele Gebote hat Jesus erlassen

Und vor allem: so schwere Gebote, dass man sie nicht einhalten kann.

So dass alle Christen unvermeidlich zu Sündern werden! Werden müssen!

Aber warum gibt es dennoch so viele „Christen"?

Weil die Jünger viel bessere Werbung machten als ihr Jesus das gekonnt hatte.

Seine Jünger sollen nur einander lieben – Sie sollen ernten ohne zu arbeiten

Jesus lehrte das seinen Jüngern: beim letzten Abendmahl
Im spätesten Evangelium: dem nach Johannes.
Jesus wußte, daß seine Stunde gekommen war, um aus dieser Welt ... zu gehen.
Da er die Seinen, die in der Welt waren, liebte,
erwies er ihnen seine Liebe bis zur Vollendung.
Johannes 13,1-5
Ein neues Gebot gebe ich euch: Liebt einander!
Wie ich euch geliebt habe, so sollt auch ihr einander lieben.
Daran werden alle erkennen, daß ihr meine Jünger seid:
wenn ihr einander liebt.
Johannes 13,34-35
Das ist mein Gebot: Liebt einander, so wie ich euch geliebt habe.
Johannes 15,12
Dies trage ich euch auf: Liebt einander!
Johannes 15,17
Für sie bitte ich; nicht für die Welt bitte ich,
sondern für alle, die du mir gegeben hast;
denn sie gehören dir. ... in ihnen bin ich verherrlicht.
Johannes 17,9
Heiliger Vater, bewahre sie in deinem Namen, den du mir gegeben hast,
damit sie eins sind wie wir.
Johannes 17,11

Denn die Jünger Jesu sind bessere Menschen als die anderen Menschen
Wie du mich in die Welt gesandt hast, so habe auch ich sie in die Welt gesandt.
Und ich heilige mich für sei, damit auch sie in der Wahrheit geheiligt sind.
Johannes 17,18
Und ich habe ihnen die Herrlichkeit gegeben, die du mir gegeben hast;
denn sie sollen eins sein, wie wir eins sind, ich in ihnen und du in mir.
So sollen sie vollendet sein in der Einheit, damit die Welt erkennt,
daß du mich gesandt hast und die Meinen ebenso geliebt hast wie mich.
Johannes 17,22
Ich habe ihnen deinen Namen bekannt gemacht und werde ihn bekannt machen,
damit die Liebe, mit der du mich geliebt hast, in ihnen ist
und damit ich in ihnen bin.
Johannes 17,26

Jesu Jünger sollten nicht Gott lieben oder ihren Nächsten oder ihre Feinde
Das alles gilt bei Johannes nicht mehr: er schrieb diese drei Gebote nicht mehr auf.
Nur sich gegenseitig sollten die Jünger lieben!

Sieht man die Versorgung der Hirten in ihren Kirchen an, dann muss man sagen:
Sie lieben sich wirklich! Sie gönnen sich einiges!
Auf Kosten ihrer Schafe!
Und heutzutage noch mehr auf Kosten der immer ungläubigeren Allgemeinheit:
der tief verschuldeten Kassen von Bund, Ländern und Gemeinden.

Leben auf Kosten anderer? – Seine Jünger sollen genau das machen!

Jesu Jünger durften von fremden Feldern nehmen, ohne dafür zu bezahlen

Matthäus 12,1	Markus 2,23	Lukas 6,1
In jener Zeit ging Jesus an einem Sabbat durch die Kornfelder. Seine Jünger hatten Hunger; sie rissen deshalb Ähren ab und aßen davon.	An einem Sabbat ging er durch die Kornfelder, und unterwegs rissen seine Jünger Ähren ab.	Als er an einem Sabbat durch die Kornfelder ging, rissen seine Jünger Ähren ab, zerrieben sie mit den Händen und aßen sie.

Fremde Ähren abreißen und essen, ohne dafür zu arbeiten? – Kein Problem
Die schwer arbeitenden Bauern dafür bezahlen?
Jesus und seine Jünger dachten gar nicht daran.

Andere Menschen sollen arbeiten, damit seine Jünger ernten können
Ich habe euch gesandt,
zu ernten, wofür ihr nicht gearbeitet habt;
andere haben gearbeitet,
und ihr erntet die Frucht ihrer Arbeit.
Johannes 4,38

Jünger Jesu *sollen* ernten, ohne dafür gearbeitet zu haben
Von anderen Menschen sollen sie leben, nicht von eigener Arbeit und Anstrengung!

Jesus hat seine Jünger offenbar wirklich geliebt
So wie ein Räuberhauptmann seine Bandenmitglieder liebt.
Oder ein Mafiosi-Boss seine „Familie".

Diesem Gebot Jesu an seine Jünger gehorchen seine Hirten auch heute gerne
Die anderen müssen arbeiten, und seine Diener dürfen ernten.
So lässt es sich schon auf der Erde gut aushalten.

Das Beispiel und Vorbild für die Diener Gottes: der Herr, ihr Gott

Matthäus 25,24	Lukas 19,21
Herr, ich wußte, daß du ein strenger Mann bist;	Denn ich hatte Angst vor dir, weil du ein strenger Mann bist:
du erntest, wo du nicht gesät hast, und sammelst, wo du nicht ausgestreut hast;	Du hebst ab, was du nicht eingezahlt hast, und erntest, wo du nicht gesät hast.

Ihr Herr erntet, wo er nicht gesät hat
Also sollen auch seine Diener ernten, wo sie nicht gesät haben!
Ertrag ohne eigene Arbeit!
So können die Hirten das irdische Jammertal ihres Schöpfers aushalten …

Jesu Jünger sollen rundum versorgt werden: freie Unterkunft und Verpflegung!

Matthäus 10,11	Markus 6,10	Lukas 9,3-4
… erkundigt euch, wer es wert ist, euch aufzunehmen; bei ihm bleibt, bis ihr den Ort wieder verlaßt.	Und er sagte zu ihnen: Bleibt in dem Haus, in dem ihr einkehrt, bis ihr den Ort wieder verlaßt.	Er sagte zu ihnen: … Bleibt in dem Haus, in dem ihr einkehrt, bis ihr den Ort wieder verlaßt.

Von Bezahlen vor dem Verlassen steht da nichts.

So ein Jüngerleben war schon angenehmer als den ganzen Tag lang zu arbeiten

Jesus und seine Jünger nutzten Frauen aus
Die Frauen waren schließlich keine anderen Jünger, die man lieben musste.

Die Schwiegermutter des ersten Papstes sorgte für Jesus und seine Jünger

Matthäus 8,15	Markus 1,31	Lukas 4,39
Und sie stand auf und sorgte für ihn.	Da wich das Fieber von ihr, und sie sorgte für sie.	… und sie stand sofort auf und sorgte für sie.

Auch andere Frauen versorgten Jesus und seine Jünger
Von eigener Arbeit mussten die nicht leben,
oder von seinem allmächtigen Vater im Himmel:

Matthäus 27,55-56	Markus 15,40-41
Auch viele Frauen … waren Jesus seit der Zeit in Galiläa nachgefolgt und hatten ihm gedient.	Auch einige Frauen … waren Jesus schon in Galiläa nachgefolgt und hatten ihm gedient.
Zu ihnen gehörten Maria aus Magdala, Maria, die Mutter des Jakobus und des Josef,	darunter Maria aus Magdala, Maria, die Mutter von Jakobus dem Kleinen und Joses,
und die Mutter der Söhne des Zebedäus.	
	sowie Salome; …
	Noch viele andere Frauen waren dabei

Maria Magdalene, aus der sieben Dämonen ausgefahren waren,
Johanna, die Frau des Chuzas, eines Beamten des Herodes,
Susanna und viele andere.
Sie alle unterstützten Jesus und die Jünger mit dem, was sie besaßen.
Lukas 8,2-3
Da kam eine samaritische Frau, um Wasser zu schöpfen.
Jesus sagte zu ihr: Gib mir zu trinken!
Johannes 4,7

Jesus und seine Jünger lebten nicht *für*, sondern *von* Frauen
Von deren Diensten und Unterstützung und Eigentum und Arbeit.

Jesu Jünger waren Männer. *Nur* Männer! *Null* Frauen!
Jesus feierte das Abendmahl vor dem Passahfest *nur mit seinen Jüngern*
Obwohl Juden es zusammen mit *Nachbarn und Frauen* feiern sollen: *Exodus 12*

Das letzte Abendmahl – war ein Herren-Abend-Mahl: nur Männer waren dabei
Keine von den Frauen! – Außer vielleicht in der Küche? Geschirr spülen …

*

Jesu Himmelreich war käuflich: Man musste alles den Armen geben
Aber die Armen? Die waren dann nicht mehr arm
Und kamen daher nicht mehr in sein Himmelreich? – Oh nein! Jesus wusste Abhilfe:

Markus 12,43-44	Lukas 21,3-4
Amen, ich sage euch: … diese Frau aber, die kaum das Nötigste zum Leben hat, sie hat alles gegeben, was sie besaß, ihren ganzen Lebensunterhalt.	Wahrhaftig, ich sage euch: … diese Frau aber, die kaum das Nötigste zum Leben hat, sie hat ihren ganzen Lebensunterhalt hergegeben.

Die Frau hatte ihren ganzen Lebensunterhalt gegeben
Alles warf sie in den Opferkasten: damit der Tempel reicher wurde.
Dagegen sagte Jesus nichts
Und seine vielen Hirten in „seinen" vielen protzigen Kirchen auch nicht.

Später wurde eine apostolische Abkürzung eingeführt
Nicht den Armen sollte man das Geld geben, die es dann dem Tempel gaben, nein:

Direkt an die Jünger Jesu musste alles gegeben werden
Und alle, die gläubig geworden waren, … hatten alles gemeinsam.
Sie verkauften Hab und Gut und gaben davon allen, jedem so viel, wie er nötig hatte.
Apostelgeschichte 2,44-46
Keiner nannte etwas … sein Eigentum, sondern sie hatten alles gemeinsam. …
Denn alle, die Grundstücke oder Häuser besaßen, verkauften ihren Besitz,
brachten den Erlös und legten ihn den Aposteln zu Füßen.
Apostelgeschichte 4,33-35

Wenn man eigenes Eigentum behielt, so gab es die Todesstrafe
Vor Petrus, dem ersten Apostel, dem ersten Papst!
Er brachte nur einen Teil und legte ihn den Aposteln zu Füßen. …
Als Hananias diese Worte hörte, stürzte er zu Boden und starb. …
Im selben Augenblick brach sie [seine Frau] vor seinen Füßen zusammen und starb.
Apostelgeschichte 5,2.5.10

Die Jünger Jesu waren keine Robin Hoods. Ganz im Gegenteil!
Sie dienten nicht nur für einen Gotteslohn im Jenseits. Sie erhielten alles im Diesseits!

Die Jünger Jesu mussten alles Geld annehmen. Sie durften gar nicht anders
Um die Gläubigen von der schweren Last des schnöden Mammon zu befreien,
um ihren Schafen durch Verarmung den Weg ins Himmelreich Gottes zu bahnen.

*

Die Diener Gottes müssen das erhaltene Geld vermehren

Matthäus 25,14-30	Lukas 19,11-17
Es [das Himmelreich] ist wie mit einem Mann, der auf Reisen ging: Er rief seine Diener und vertraute ihnen sein Vermögen an. …	… das Reich Gottes … Ein Mann … rief zehn seiner Diener zu sich, verteilte unter sie Geld … und sagte: Macht Geschäfte damit, bis ich wiederkomme. …
… kehrte der Herr zurück, um von den Dienern Rechenschaft zu verlangen. Da kam der, der die fünf Talente erhalten hatte, brachte fünf weitere und sagte: Herr, fünf Talente hast du mir gegeben, sieh her, ich habe noch fünf dazugewonnen.	Nach seiner Rückkehr ließ er die Diener, denen er das Geld gegeben hatte, zu sich rufen. … Der erste kam und sagte: Herr, ich habe mit deiner Mine zehn Minen erwirtschaftet. …
Sein Herr sagte zu ihm: Sehr gut, du bist ein tüchtiger und treuer Diener. Du bist im Kleinen ein treuer Verwalter gewesen, ich will dir eine große Aufgabe übertragen.	Da sagte der König zu ihm: Sehr gut, du bist ein tüchtiger Diener. Weil du im Kleinsten zuverlässig warst, sollst du Herr über zehn Städte werden.

Gottes Ver-Diener *sollen* Geld verdoppeln oder gar zehnfach vermehren!
*

Auch alle anderen Kassen sollen an die Kirchen zahlen
Nicht nur ihre Schafe, auch die bürgerlichen Gemeinden und die weltlichen Staaten.
Weil für das Christentum des armen Jesus alles groß und teuer sein muss.
Schließlich gibt es das Himmelreich nur, wenn die Schafe auf Erden alles abgeben.

Die katholische Kirche ist die wahre Kirche Jesu Christi!
Denn sie hat am meisten zusammen gerafft: wie Jesus es verlangt hat.
So ist sie zum Beispiel der größte Grundbesitzer dieser Erde. Plus vieles anderes …

Die Jünger konnten vor der Hölle retten

Die Jünger Jesu *mussten* aufgenommen und ihre Worte *mussten* geglaubt werden – Sonst gibt's Gottes Holocaust!

Matthäus 10,14-15	Markus 6,11	Lukas 9,5	Lukas 10,10-12
Wenn man euch aber in einem Haus oder einer Stadt nicht aufnimmt,	Wenn man euch aber in einem Ort nicht aufnimmt	Wenn euch aber die Leute in einer Stadt nicht aufnehmen wollen	Wenn ihr aber in eine Stadt kommt, in der man euch nicht aufnimmt,
und eure Worte nicht hören will,	und euch nicht hören will,		
			dann stellt euch auf die Straße und ruft:
dann geht weg, und schüttelt den Staub von euren Füßen.	dann geht weiter, und schüttelt den Staub von euren Füßen, zum Zeugnis gegen sie.	dann geht weg, und schüttelt den Staub von euren Füßen, zum Zeugnis gegen sie.	Selbst den Staub eurer Stadt, der an unseren Füßen klebt, lassen wir euch zurück;
			doch das sollt ihr wissen: Das Reich Gottes ist nahe.
Amen, das sage ich euch: Dem Gebiet von Sodom und Gomorra wird es am Tag des Gerichts nicht so schlimm ergehen wie dieser Stadt.			Ich sage euch: Sodom wird es an jenem Tag nicht so schlimm ergehen wie dieser Stadt.

Schlimmer als damals Sodom durch Gott Vater sollte es denen ergehen die seine Verkünder nicht aufnehmen und ihre Worte nicht hören wollen.
Und was war damals geschehen? Dieses Zeichen göttlicher Feindesliebe:
Da ließ der HERR auf Sodom und Gomorra Schwefel und Feuer regnen, vom HERRN, vom Himmel herab: er vernichtete von Grund auf jene Städte und die ganze Gegend, auch alle Einwohner der Städte und alles, was auf den Feldern wuchs.
Genesis 19,24-25
Wenn seine Jünger nicht aufgenommen wird Allerschlimmstes geschehen
Nicht nur die Einwohner der Städte werden vernichtet und die Städte selbst, sondern auch die ganze Gegend: die unschuldigen Pflanzen und Bäume, und alles was auf den Feldern wächst: alles muss dran glauben!
Alle wird durch den HERRN vernichtet! Mit Stumpf und Stiel.
Nicht mit viel Wasser wie damals bei der Sintflut, sondern durch Schwefel und Feuer.
Oh wie groß ist die Liebe dieses Gottes und seines Sohnes!
Oh diese Heilige Schrift! Wie göttlich sind ihre Gebote! Wie groß ist ihre Liebe!
Zu seinen Jüngern. Und ihren Nachfolgern. Die diese Schrift geschrieben haben.

Jesus hatte die Macht Gottes und gab sie an seine Jünger: auch sie konnten Sünden vergeben

Nur Gott kann Sünden vergeben. Aber auch Jesus konnte es

Matthäus 9,3.6	*Markus 2,5.10*	*Lukas 5,20.24*
Als Jesus … sagte er …: Hab Vertrauen, mein Sohn, deine Sünden sind dir vergeben!	Als Jesus … sagte er …: Mein Sohn, deine Sünden sind dir vergeben!	Als … sagte er zu dem Mann: Deine Sünden sind dir vergeben.
Ihr sollt aber erkennen, daß der Menschensohn die Vollmacht hat, hier auf der Erde Sünden zu vergeben.	Ihr sollt aber erkennen, daß der Menschensohn die Vollmacht hat, hier auf der Erde Sünden zu vergeben.	Ihr sollt aber erkennen, daß der Menschensohn die Vollmacht hat, hier auf der Erde Sünden zu vergeben.

Drei wortwörtlich übereinstimmende Sätze Jesu! Das ist doch fast unglaublich!

Der „Menschensohn" hatte diese Vollmacht!

Dann sagte er [Jesus] zu ihr: Deine Sünden sind dir vergeben.
Da dachten die anderen Gäste: Wer ist das, daß er sogar Sünden vergibt?
Lukas 7,48-49

Jesus verlieh diese Fähigkeit seinen Jüngern

Nachdem er das gesagt hatte,
hauchte er sie an und sprach zu ihnen: Empfangt den Heiligen Geist!
Wem ihr die Sünden vergebt, dem sind sie vergeben;
wem ihr die Vergebung verweigert, dem ist sie verweigert.
Johannes 20,22-23

Seine Jünger wurden zu Stellvertreter Gottes, sie dürfen Gott spielen

Sie haben von Jesus ein riesiges ~~Flecken~~ Sünden-Entfernungs-Mittel erhalten.

Sünden wurden vergeben, wenn man Jesus Liebe zeigte

Ihr sind ihre vielen Sünden vergeben,
weil sie (mir) so viel Liebe gezeigt hat.
Lukas 7,47

Oder heutzutage seinen Dienern und ihren Kirchen.
Denn die können schließlich so gut Sünden vergeben wie ihr Jesus. Und Gott.

Die Kirche auf Petrus ist stärker als die Mächte der Unterwelt

Du bist Petrus, und auf diesen Felsen werde ich
meine Kirche bauen,
und die Mächte der Unterwelt werden sie nicht überwältigen.
Matthäus 16,18

Na das ist doch was: mächtiger als die Mächte der Unterwelt!

Mit einem solch Mächtigen sollte man sich besser gut stellen.
Seine Wünsche früh erfühlen und sofort erfüllen.
Und die seiner Diener …

Die Jünger konnten in den Himmel helfen – Und Priester können das auch

Nur seine Jünger hörten die Geheimnisse des Reiches Gottes

Als ob das nicht schon mehr als genug wäre
Aber Jesus hatte noch mehr Gaben für seine Jünger!
Auch seine Gleichnisse waren nicht für alle, sondern nur für seine Jünger.
Er redete nur in Gleichnissen zu ihnen;
seinen Jüngern aber erklärte er alles, wenn er mit ihnen allein war.
Markus 4,34

Matthäus 13,10-16	Markus 4,10-12	Lukas 8,9-10
Da kamen seine Jünger zu ihm und sagten: Warum redest du zu ihnen in Gleichnissen?	Als er mit seinen Begleitern und den Zwölf allein war, fragten sie ihn nach dem Sinn seiner Gleichnisse.	Seine Jünger fragten ihn, was das Gleichnis bedeute.
Er antwortete: Euch ist es gegeben, die Geheimnisse des Himmelreichs zu erkennen,	Da sagte er zu ihnen: Euch ist das Geheimnis des Reiches Gottes anvertraut,	Da sagte er: Euch ist es gegeben, die Geheimnisse des Reiches Gottes zu erkennen.
ihnen aber ist es nicht gegeben. ... Deshalb rede ich zu ihnen in Gleichnissen, ...	denen aber, die draußen sind, wird alles in Gleichnissen gesagt ...	Zu den anderen Menschen aber wird nur in Gleichnissen geredet;
damit sie mit ihren Augen nicht sehen und mit ihren Ohren nicht hören, ...	denn sehen sollen sie, sehen, aber nicht erkennen; hören sollen sie, hören, aber nicht verstehen,	denn sie sollen sehen und doch nicht sehen, hören und doch nicht verstehen.
damit sie sich nicht bekehren und ich sie nicht heile.	damit sie sich nicht bekehren und ihnen nicht vergeben wird.	
Ihr aber seid selig, denn eure Augen sehen und eure Ohren hören.		

Jesu Zuhörer sollten seine Worte hören, aber sie sollten sie nicht verstehen
Damit sie sich nicht bekehren konnten, ohne seinen Jüngern zu glauben
Die Geheimnisse des Reiches Gottes vertraute Jesus nur seinen Jüngern an
Nur sie und ihre Nachfolger können diese erkennen!
Darauf öffnete er ihnen die Augen für das Verständnis der Schrift. ...
Lukas 24,45
Und ich werde die Gabe, die mein Vater verheißen hat, zu euch herabsenden. ...
Lukas 24,49
So dass normale Menschen sich an Jesu Jünger und Priester wenden müssen
Um zu erfahren, was Jesus für das Himmelreich von ihnen erwartet.
War Jesus für seine Zuhörer gekommen? Oder für uns?
Er kam zum Besten seiner Jünger. Und ihrer Nachfolger.

Wer die Jünger Jesu versorgt, wird dafür im Himmel belohnt

Freie Verpflegung für seine Jünger!

Matthäus 10,42	Markus 9,41
Und wer einem von diesen Kleinen auch nur einen Becher frischen Wassers zu trinken gibt, weil es ein Jünger ist – amen, ich sage euch: Er wird gewiß nicht um seinen Lohn kommen.	Wer euch auch nur einen Becher Wasser zu trinken gibt, weil ihr zu Christus gehört – amen, ich sage euch: Er wird nicht um seinen Lohn kommen.

Wer seinen Jüngern auf Erden hilft, wird belohnt werden

Auf Erden sollen seine Jünger
dies und das und alles für umsonst erhalten.

Der Gebende wird im Himmelreich belohnt.
Über natürlich erst dort. Sagen sie.

Die Menschen sollen für die Jünger Jesu arbeiten

Ich habe euch gesandt,
zu ernten, wofür ihr nicht gearbeitet habt;
andere haben gearbeitet, und ihr erntet die Frucht ihrer Arbeit.
Johannes 4,38

Jünger Jesu sollen ernten, ohne dafür gearbeitet zu haben

Von anderen Menschen *sollen* sie leben,
nicht von eigener Arbeit und Anstrengung!
Jesus hat seine Jünger offenbar wirklich geliebt:
so wie ein Räuberhauptmann seine Bandenmitglieder liebt.

Diesem Gebot Jesu an seine Jünger gehorchen seine Hirten auch heute gerne

Die anderen müssen arbeiten, und seine Diener dürfen ernten.
So lässt es sich schon auf der Erde gut aushalten.

Seine Jünger waren Stellvertreter Jesu, und Jesus war der Gesandte Gottes – Also Vorsicht!

Freie Unterkunft für seine Jünger!

Matthäus 10,40	Johannes 13,20
	Amen, amen ich sage euch:
Wer euch aufnimmt, der nimmt mich auf,	Wer einen aufnimmt, den ich sende, nimmt mich auf;
und wer mich aufnimmt, nimmt den auf, der mich gesandt hat.	wer aber mich aufnimmt, nimmt den auf, der mich gesandt hat.

Und seinen Jüngern immer gut zuhören!

Wer euch hört, der hört mich,
und wer euch ablehnt, der lehnt mich ab;
wer aber mich ablehnt, der lehnt den ab, der mich gesandt hat.
Lukas 10,16

Seine Jünger konnten Wunder wirken: mit glauben und beten

Matthäus 17,19-20	Matthäus 21,20-22	Markus 11,19.22-23	Lukas 17,5-6
Als die Jünger mit Jesus allein waren …	Als die Jünger das sahen … Jesus	… verließ Jesus mit seinen Jüngern die Stadt.	Die Apostel baten den Herrn: Stärke unseren Glauben!
Er antwortete: … Amen, das sage ich euch: Wenn euer Glaube auch nur so groß ist wie ein Senfkorn,	antwortete ihnen: Amen, das sage ich euch: Wenn ihr Glauben habt und nicht zweifelt …	Jesus sagte zu ihnen: Ihr müßt Glauben an Gott haben. Amen, das sage ich euch:	Der Herr erwiderte: Wenn euer Glaube auch nur so groß wäre wie ein Senfkorn,
dann werdet ihr zu diesem Berg sagen:	selbst wenn ihr zu diesem Berg sagt:	Wenn jemand zu diesem Berg sagt:	würdet ihr zu
			dem Maulbeerbaum hier sagen:
Rück von hier nach dort!	Heb dich empor, und stürz dich	Heb dich empor und stürz dich	Heb dich samt deinen Wurzeln aus dem Boden, und verpflanz dich
	ins Meer!,	ins Meer!,	ins Meer!,
		und wenn er in seinem Herzen nicht zweifelt, sondern glaubt, daß geschieht, was er sagt,	
und er wird wegrücken.	wird es geschehen.	dann wird es geschehen.	und er würde gehorchen.
Nichts wird euch unmöglich sein.	Und alles, was ihr im Gebet erbittet, werdet ihr erhalten, wenn ihr glaubt.	Darum sage ich euch: Alles, worum ihr betet und bittet – glaubt nur, daß ihr es schon erhalten habt, dann wird es euch zuteil.	

Und es gab über natürlich noch mehr

Und durch die, die zum Glauben gekommen sind,
werden folgende Zeichen geschehen:
In meinem Namen werden sie Dämonen austreiben;
sie werden in neuen Sprachen rede;
wenn sie Schlangen anfassen oder tödliches Gift trinken, wird es ihnen nicht schaden;
und die Kranken, denen sie die Hände auflegen, werden gesund werden.
Markus 16,17
Jesus antwortete ihm: Schon so lange bin ich bei euch … Amen, amen, ich sage euch:
Wer an mich glaubt, wird die Werke, die ich vollbringe, auch vollbringen,
und er wird noch größere vollbringen, denn ich gehe zum Vater.
Johannes 14,9.12

Großartige Versprechen für seine Junger – Und ihre apostolischen Nachfolger
Da sollte man sich mit denen besser gut stellen! Damit sie was für einen tun!

Was Petrus und die Jünger hier auf Erden binden und lösen, das wird im Himmel auch so sein!

Für Petrus kam es noch besser: er erhielt noch mehr Macht

Und auch für die anderen Jünger Jesu kam es fast genauso gut

Matthäus 16,18-19	Matthäus 18,18 [1]
Ich aber sage dir: …	Amen, ich sage euch [den Jüngern]:
Ich werde dir die Schlüssel des Himmelreichs geben;	
was du auf Erden binden wirst, das wird auch im Himmel gebunden sein,	Alles, was ihr auf Erden binden werdet, das wird auch im Himmel gebunden sein,
und was du auf Erden lösen wirst, das wird auch im Himmel gelöst sein.	und alles, was ihr auf Erden lösen werdet, das wird auch im Himmel gelöst sein.

Ganz schön mächtig, dieser Petrus, der Einlasser in den Himmel
Aber auch seine anderen Jünger erhielten große Macht!
Himmlische Macht! Nicht nur hier auf der Erde, sondern auch im Himmel
Diese Vollmacht ihres Gottes hat erst Petrus erhalten.
Und dann auch die anderen Jünger.
Wie lieb von Jesus, diese Macht an seine Jünger zu geben?
Gott lässt die Jünger sich sogar in himmlische Geschäfte einmischen.
Die Jünger haben die Macht Gottes, sie sind stellvertretend für Gott,
sie sind fast wie Gott: wenn es den Zutritt betrifft.
Apostolische Nachfolger? – Manche wollen das sein
Solche die Macht haben wollen,
die etwas von einer überirdischen Allmacht abhaben wollen.
Macht haben die Priester, die sich für Nachfolger seiner Jünger halten
Wie wunderbar! Sagen die Hirten ihren Schafen.
Für die Hirten. Sagen die Hirten ihren Schafen nicht.

Sünden werden vergeben, wenn man Kirche und Hirten genug Liebe erweist
Das heißt: viel und auch ungerechten Mammon an die Kassen der Kirche überweist.
Hirten lieben ihre Schafe: deren Sünden lohnen sich für sie und ihre Kirchen
Weil Sünder ihre Sünden *nicht* an den davon Betroffenen wiedergutmachen müssen,
sondern sie in ihrer Kirche mit ihren Hirten ausgleichen können!
Erst eine durch Evas Sündenfall erworbene Erbsünde behaupten.
Dann eine durch den Glauben an Christi Tod erlangte Erlösung anpreisen.
Das heißt: die Schafe krank lehren, um ihnen dann ein Heilmittel zu verkaufen

Jesus hat kein einziges seiner Worte aufgeschrieben
„Seine" Worte wurden von seinen Jüngern aufgeschrieben,
ihnen offenbarte sie der Heilige Geist, glaubten sie.
Es ist kein Wunder, dass „Jesu" Worte seinen Jüngern am meisten nützen
Und ihren Nachfolgern, „seinen" Priestern.
Obwohl Jesus als Jude gestorben ist und keine neue Religion begründen wollte.
Und viele neue Konfessionen schon gar nicht. Mit vielen neuen teuren Priestern …

Jesu Leib muss man essen und sein Blut trinken! Und christliche Priester können beides herbei zaubern

Steht bei Johannes geschrieben

Jesus sagte zu ihnen: ... mein Vater gibt euch das wahre Brot vom Himmel.
Denn das Brot, das Gott gibt, kommt vom Himmel herab und gibt der Welt das Leben.
Johannes 6,32-33

Jesus antwortete ihnen: Ich bin das Brot des Lebens ...
Johannes 6,35

Ich bin das Brot des Lebens.
Johannes 6,48

So aber ist es mit dem Brot, das vom Himmel herabkommt:
Wenn jemand davon ißt, wird er nicht sterben.
Ich bin das lebendige Brot, das vom Himmel herabgekommen ist.
Wer von diesem Brot ißt, wird in Ewigkeit leben.
Das Brot, das ich geben werde, ist mein Fleisch,
(ich gebe es) für das Leben der Welt.
Johannes 6,50-51

... so wird jeder, der mich ißt, durch mich leben. ...
Johannes 6,57

Dies ist das Brot, das vom Himmel herabgekommen ist. ...
Wer aber dieses Brot ißt, wird leben in Ewigkeit.
Johannes 6,58

Auch das Trinken seines Bluts bewirkt Sündenvergebung und ewiges Leben

Dann nahm er den Kelch, sprach das Dankgebet
und reichte ihn den Jüngern mit den Worten:
Trinkt alle daraus; das ist mein Blut, das Blut des Bundes,
das für viele vergossen wird zur Vergebung der Sünden.
Matthäus 26,27

Jesus sagte ihnen: Amen, amen, das sage ich euch:
Wenn ihr das Fleisch des Menschensohnes nicht eßt und sein Blut nicht trinkt,
habt ihr das Leben nicht in euch.
Wer mein Fleisch ißt und mein Blut trinkt, hat das ewige Leben,
und ich werde ihn auferwecken am Letzten Tag.
Johannes 6,53-54

Aber woher den Leib Jesu nehmen? Oder sein Blut?

Kein Problem: die Priester seiner Religionen können es herbeizaubern!

Wenn sie es richtig machen, dann wird aus einer Oblate sein Leib: Hokuspokus ...
Und aus Wein sein Blut! Sogar aus Weißwein!

Fertig zum Verzehr servieren die Hirten den Leib ihres Gottes

Nachdem sie zuvor Oblaten in sein Fleisch verwandelt haben.
Ohne Soße zwar, aber immerhin!

Früher das einmal im Jahr gefeierten jüdischen Paschamahl am Abend

Heute am Sonntagvormittag in Kirchen zelebriertes Oblaten-Verteilen und -Schlucken
mit Glockengeläute und Orgelgespiele und Gesang und Weihrauchschwenken
und vielem anderen großen Eindruck schindenden Zeremoniell.

Jesus ist auferstanden? – Also muss er von Millionen Menschen verspeist werden!

Geld von Menschen für Gottes Diener?
Der Allmächtige kann sie nicht zahlen![4]

Diese Zwölf sandte Jesus aus und gebot ihnen: …
Umsonst habt ihr empfangen, umsonst sollt ihr geben. …
Matthäus 10,8
„Das Geschenk des Glaubens" der Hirten
       Für das man sie lebenslänglich bezahlen muss
Der Glaube der Schafe: als Wahres annehmen
       Der Glaube der Hirten: viel Bares annehmen
Der Glaube versetzt Berge. Stimmt: Berge von Geld
      Von Schafen und Staaten zu Hirten und Kirchen
  Warum Geld zahlen für die Verkündigung eines allmächtigen Gottes?
Entweder Gott will sich offenbaren, dann kann er es über natürlich klar und eindeutig.
Oder Gott will sich nicht offenbaren, dann ist jedes menschliche Bemühen zwecklos.
Gott könnte seine Lehre besser verkünden als seine Ver-Diener. Wenn er wäre …
  Trotz ihrer Kirchensteuern dürfen Schafe die Kirchen nicht steuern
Wer zahlt, schafft nicht an! Kirche und Demokratie passen nicht zusammen.
Die Kirchensteuer fließt zu Kirchen und Hirten, nicht zu Kliniken und Hilflosen
Fest das Gegenteil behaupten oder glauben, ändert nichts an dieser Tatsache.
Zeit und Geld einer mächtigen Kirche geben? – Oder vielen armen Menschen?
An Gott glauben ist ja nichts Schlimmes. Aber Geld an seine (Ver-)Diener geben
obwohl arme Menschen und Tiere es nötiger brauchen – das ist schlimm.
  Kirchensteuern sind vom Staat kassierte Mitgliedsbeiträge
für die Bosse der Fisch- und Angler-Vereine, Baum- und Reben-Zuchtvereine,
Clubs der Berge-Versetzer und in-den-Himmel-fahren-Wollenden.
Der Austritt aus einer der Großkirchen hat mindestens einen Vorteil
Man kann die eingesparte Kirchensteuer für wirklich gute Zwecke spenden.
Man zahlt nicht mehr in eine unüberschaubare Kirche,
    sondern kann es für wirklich hilfsbedürftige Menschen geben.
  Die gezahlte Kirchensteuer wird vom Einkommen abgezogen
Die Gläubigen zahlen dadurch weniger Steuern an unser aller Staat.
Dies erreicht man aber auch durch Spenden,
siehe: Einkommensteuererklärung Hauptvordruck, Sonderausgaben
    Zeile 88: Zuwendungen an Stiftungen
Zeile 89: Zuwendungen für wissenschaftliche, mildtätige und kulturelle Zwecke,
Zeile 90: Zuwendungen für kirchliche, religiöse und gemeinnützige Zwecke.
    Und dabei entscheidet man selbst, wohin das Geld fließt.
Ohne Abzug von Kirchensteuer hat man mehr Geld für wirkliche Not Leidende[5]

---

[4] http://www.kirchensteuer.de. Ausführliche Informationen über Kirchensteuer: Umfang und Verwendung.

[5] Zum Beispiel: www.dzi.de, www.spendenrat.com, www.helpdirect.org

Der Kirchen-steuer-austritt[6]

Kirchensteuer zahlen? Für die Diener eines Allmächtigen?
Weil sie die wirren Worte ihres Menschensohns verschweigen oder umdeuten?
Wie wenige der vielen Gottesdiener dienen ihrem Gott für Gotteslohn?
Jesus und seine Jünger kamen ohne Kirchensteuer zurecht
Ein wirklicher Gott bräuchte keine, und erst recht keine Diener.

Wie geht das Austreten?

Den Kirchenaustritt kann erklären, wer das 14. Lebensjahr vollendet hat
Und wie? Ganz einfach:
Die Öffnungszeiten des Standesamts oder Amtsgerichts[7]
Ihres Wohnorts oder Stadtteils heraus finden (zum Beispiel telefonisch).
Dann Personalausweis oder Reisepass nehmen (Ihren Mut brauchen Sie nicht),
und dahin fahren und gehen.
Dort finden Sie einen Raum und die Sachbearbeiterin für Kirchenaustritte,
und sagen, dass Sie aus der Kirche austreten wollen.
Sie wird das notwendige Formular ausfüllen. Dieses unterschreiben.
(In manchen Bundesländern bis zu 35 Euro an der Amtskasse zahlen.)
Die Bescheinigung über den Kirchenaustritt geben lassen. Fertig. Das war 's.
Ganz ohne Weihwasser oder Weihrauch, widrige Wortwechsel oder wirre Wunder.

Was kommt danach?

Wird man gekreuzigt? Auf dem Scheiterhaufen verbrannt? An den Pranger gestellt?
Oder wenigstens abgekanzelt? – Aber sogar Kanzeln gibt es immer weniger …
Danach ist die Welt genau so wie zuvor!
Nur auf der Lohnsteuerkarte des nächsten Jahres steht bei Kirchensteuerabzug „- -"
und der Arbeitgeber zieht keine Kirchensteuer mehr vom Lohn ab.

Und wenn mann/frau/kind wieder Schaf werden will/muss? – Dann müssen die Hirten sich freuen!

Jesus lehrte, dass große Freude herrschen *muss* über einen bekehrten Sünder
Das verlorene Schaf, die verlorene Drachme, der verlorene Sohn
Matthäus 18,12-14; Lukas 15,1-7.8-10.11-32; Johannes 10,11-15
Wenn mann/frau also nur in einem „kirchlichen" Betrieb Arbeit findet
dann muss man sich dort über einen wieder Eingetretenen fest freuen.
(Wenn jemals herauskommt, dass er/sie ausgetreten war.)
Die Hirten sind eh froh über jedes zurückkehrende Schaf, über jeden Steuerzahler.

---

[6] Horst Herrmann: *Kirchenaustritt ja oder nein? Argumente für Unentschlossene*
Rasch und Röhring Verlag, Hamburg, 1992, ISBN 3-89136-467-9

[7] In *Berlin, Brandenburg, Hessen, Nordrhein-Westfalen, Saarland, Thüringen und Rheinland-Pfalz*
(Ausnahme: ehemaliger Regierungsbezirk *Pfalz*).
In *Bremen* bei der Kirche oder der von der Kirche zu bestimmenden Kirchenstelle.

Warum dieses Buch?

Wegen der heimlichen und unheimlichen Macht der großen Kirchen,
wegen ihres gott- und religionsarmen Religionsunterrichts,
wegen ihrer Staatsgelder verschlingenden Gier,
wegen ihrer vielen versteckten Vermögen.

Dieses Buch hätte ich nicht geschrieben, wenn die deutschen Hirten
nur von ihren Schafen und Fischen Geld kassieren
und nur diesen Vorschriften machen würden.
Aber sie schöpfen heftig aus öffentlichen Kassen,
und wollen allen ihre Vorstellungen aufdrängen.

Was sind die Grundlagen dieser unbekannten,
so genannten Körperschaften des *öffentlichen* Rechts?
Die ihre vielen Besitztümer und Einkünfte nicht veröffentlichen
Die ihre Gebühren- und Steuerbefreiungen und Sonderrechte verschweigen[8]

Es war mir zudem ein persönliches Anliegen
die Evangelien mit ihren wirren und verwirrenden Lehren
systematisch zu ordnen,
den vielen Prospekten und Büchern, Radio- und Fernseh-Sendungen
zu Gunsten eines allmächtigen Gottes und seiner vielen Diener
ein paar Gedanken entgegen zu stellen.

Leicht war das nicht: x-mal die vielen Seiten jener Evangelien durch lesen
Zusammen suchen, was dort zerstreut gedruckt und versteckt geschrieben wurde.
Und immer wieder erschrecken über diese wirren und lügenhaften Lehren,
an die ich viele Jahre glauben musste, und sogar zu glauben glaubte!
Weil Hirten mich und meine Vorfahren an der Nase herumführten:
damit sie angenehm kassieren und sorglos leben konnten.

Ob es irgendetwas hilft? – Ich weiß es nicht
Aber wann immer ich Berichte über „christliche" Kirchen lese,
weiß ich, dass man etwas tun muss gegen Macht und Einfluss
dieser Logik und Mitmenschlichkeit zerstörenden Schriften.

---

[8] Carsten Frerk: *Finanzen und Vermögen der Kirchen in Deutschland*
Alibri Verlag, Aschaffenburg, 2002, ISBN 3-932710-39-8
Die erste umfassende Darstellung seit dreißig Jahren. Mit Informationen darüber, wie schwierig es war,
etwas über die Finanzen dieser so genannten *öffentlich*-rechtlichen Einrichtungen heraus zu finden.